Eine Bildreise

Werner Filmer/Walter Mayr/Ellert & Richter Verlag
Die Harzreise Auf Heinrich Heines Spuren

Inhalt

Göttingen und Heine	6
Über Northeim, Osterode nach Clausthal-Zellerfeld	22
Goslar: Kultur- und Naturerbe der Menschheit	40
Brockenwanderungen	52
Entlang der Ilse	72
Abschied vom Harz und von Heine	84
Rund um den Brocken: Kleines ABC	88
Panoramakarte	94
Autoren/Bildnachweis/Impressum	96

Göttingen und Heine

Reisen bildet, löst Erstarrungen, aktiviert Geist, Seele, Körper und hilft, einem engstirnigen Kaff zu entkommen. Ähnliches muß der Jurastudent Harry Heine gedacht haben, der sich später Heinrich nannte, als er im Herbst 1824 dem „gelehrten Kuhstall" Göttingen zu entfliehen versuchte. Er hatte die Nase voll, kränkelte, mußte etwas für seine angeschlagene Gesundheit tun. Wenigstens für einige Wochen wollte er dem Universitätsbetrieb Lebewohl sagen.

Zum zweiten Mal befand sich der Sechsundzwanzigjährige in Göttingen, büffelte die „verhaßte Juristerei", sah kaum Perspektiven für sich in dem Beruf. Nur der Familie zuliebe hielt er durch. Heine dichtete und schrieb. In Bonn und Berlin, wo er auch studiert hatte, war er Menschen begegnet, die seinen Sinn für Philosophie und Literatur beflügelten. Die deutsche Romantik hatte ihn angerührt und aufgewühlt.

Wo Waldstimmen sprechen, die Sonne lacht und Felsen ein Echo aufwerfen, eben im Harz, da wollte er hin: auf den Brocken steigen, wo Goethe gewesen war. Der Berg galt als magischer Ort, als Symbol der Freiheit, wo Hexen und Geister sich berühren.

Porträt des jungen Heine um 1825. So muß Heine ausgesehen haben, als er sich auf seine Harzreise begab.

Seit vielen hundert Jahren war dieser Berg populär. Die Epochen der Zeit waren wie Ebbe und Flut an ihm abgeprallt. Der Brocken hatte standgehalten. Er war verwittert, hatte auf seiner Oberfläche Felsbrocken angehäuft. Wanderern galt er als Seelenmassage.

Der Jurastudent Heine – später ein europäischer Dichter von Rang – verließ im September 1824 die Enge Göttingens, verfaßte einen Reisebericht, der zwei Jahre danach seinen Ruf als scharfsinniger, scharfzüngiger Reiseschriftsteller begründete. Zu Fuß stapfte er davon. Zum Weender Tor hinaus.

„Es war noch sehr früh, als ich Göttingen verließ", schrieb er. „Auf der Chaussee wehte frische Morgenluft und die Vögel sangen gar freudig und auch mir wurde allmählich wieder frisch und freudig zu Muthe …"

Jeder, der sich auf die Spuren des Studenten Harry Heine begibt, sollte unbedingt das Städtische Museum, Ritterplan 7, in Göttingen besuchen. Vielfalt von Landschaft und Lebenswelt – auch zur Zeit Heines – werden dokumentiert. Dem jungen Harzreisenden widmete man eine Museumswand. In der Universität werden Dokumente archiviert. Einige Häuser, in denen Heine wohnte, sind noch aufzuspüren. Sonst findet der Besucher in Göttingen wenig, was auf Heine verweist. Noch immer sind Ressentiments gegen den Autor zu spüren, dessen Spott die Stadt verletzte.

„Die Stadt Göttingen, berühmt durch ihre Würste und Universität, gehört dem Könige von Hannover und enthält 999 Feuerstellen, diverse Kirchen, eine Entbindungsanstalt, eine Sternwarte, einen Karzer und einen Ratskeller, wo das Bier sehr gut ist …"

Heine hatte den Leerlauf der Universität erlebt: vernarrte, weltfremde Professoren und eine autoritäre Universitätsverwaltung. Zwischen adligen und bürgerlichen Studenten bestand eine scharfe Trennung. Als Jude lernte Heine antisemitische Vorurteile kennen. Er blieb ein Außenseiter, der über den kalten Ton klagte, über Isolierung. „Die Stadt selbst ist schön, und gefällt einem am besten, wenn man sie mit dem Rücken ansieht …"

Göttingen heute ist – nicht zuletzt durch die Universität – ein weltoffener Ort. Eine der niedersächsischen Kulturhochburgen. Das Angebot an Veranstaltungen ist reichhaltig.

Im Gegensatz zu Heine schätze ich die alte und doch immer junge Universitätsstadt, die im Leinetal zwischen Weserbergland und Harz liegt. Umrahmt von einer hügeligen Landschaft. Studenten prägen die Atmosphäre der Stadt, ihr geistiges und kulturelles Klima. Dazwischen die steinernen Zeugen einer vielschichtigen Vergangenheit.

Das Dorf Gutingi wurde bereits 953 in einer Urkunde Kaiser Ottos I. erwähnt. Begünstigt durch seine Lage an der Kreuzung zweier alter Han-

Die Universität von Göttingen, an der Heinrich Heine Jura studierte, wurde 1734 gegründet. Dieser Stahlstich stammt aus dem Jahr 1846.

delsstraßen, des Hellwegs und der Königstraße, erhielt es um 1210 Stadtrechte. Eine Blütezeit begann, die bis ins 16. Jahrhundert dauerte. Die Folgen des 30jährigen Krieges mit seiner erdrückenden Schuldenlast zehrten an den Kräften der Menschen, die hier lebten. Die Situation verbesserte sich erst, als Georg-August Kurfürst von Hannover, zugleich Georg II. König von England, im Jahre 1734 die Universität gründete, die drei Jahre später eingeweiht wurde. Sie entwickelte sich schnell zu einer der bedeutendsten deutschen Hochschulen, verhalf der Stadt zur steigenden Bedeutung.

Die Liste namhafter Persönlichkeiten, die hier studierten, lehrten und arbeiteten, beeindruckt jeden Besucher. Über vierzig Nobelpreisträger waren bis heute an dieser Universität wissenschaftlich tätig. Nach wie vor gilt: Göttingen hat keine Universität; es i s t eine.

Göttingen und seine „Georgia Augusta". Heine erlebte sie als Ort deutscher Restauration, als muffigen Kuhstall. Und er, der bereits 1821 hier studiert hatte, aber wegen einer dubiosen Duellaffäre auf begrenzte Zeit von der Universität verwiesen wurde, attackierte sein Umfeld: „Im allgemeinen werden die Bewohner Göttingens eingeteilt in Studenten,

Göttingen und Heine

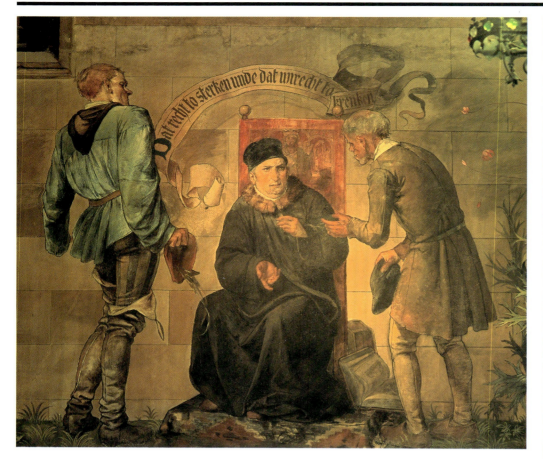

Professoren, Philister und Vieh, welche vier Stände doch nichts weniger als streng geschieden sind. Der Viehstand ist der bedeutendste."
Göttingen heute besitzt zahlreiche Denkmäler. An Lichtenberg wird erinnert, an die Brüder Grimm, an Gauß und Weber, an Wöhler, der das Aluminium entdeckte, und auch an Otto Hahn. Sogar Charlotte Müller, der ältesten Straßenhändlerin der Welt, wurde ein Denkmal errichtet. Nach einem Monument für Heine muß der Besucher weiter suchen. Immerhin – würde dieser nachsichtig lächeln – haben die Göttinger ihre Gänseliesel in Bronze verewigt. Und die gilt als Wahrzeichen der Stadt: bescheiden und anmutig.
Als Heine im Herbst 1824 losstiefelte, ahnte er nicht, wie stark die Wissenschaften in Göttingen aufblühten. Gerade drei Prozent eines Altersjahrgangs bekamen zu seiner Zeit die Chance, eine Universität zu besuchen. Heute sind es 30 Prozent. Knapp über tausend Studenten lebten in Göttingen, als Heine noch einen kurzen Blick auf das Alte Rathaus warf, um auf die Berge zu steigen, wo die freien Lüfte wehen. Heute hat Göttingen über 30 000 Studenten.
Wie wohlhabend manche Bürger dieser Stadt zu Heines Zeit bereits waren, läßt sich an den zahlreichen prächtig verzierten Fachwerkhäusern der Innenstadt ablesen. Die „Junkernschänke" mit gehaltvollen Schnitzereien am Erker steht im Kernbau schon seit dem 15. Jahrhun-

In der Halle des Göttinger Rathauses befindet sich dieses Gemälde. Im Mittelalter hielt man hier Gericht, aber auch Landesherren und Würdenträger wurden in diesem Gebäude empfangen.

Die „Junkernschänke" in der Barfüßerstraße wurde im 15. Jahrhundert erbaut. Der Bildschnitzer Bartold Kastrop wohnte hier. Mitte des 16. Jahrhunderts wurde der Bau erweitert und mit Schnitzereien, die unter anderem Szenen aus dem Alten und Neuen Testament darstellen, verziert.

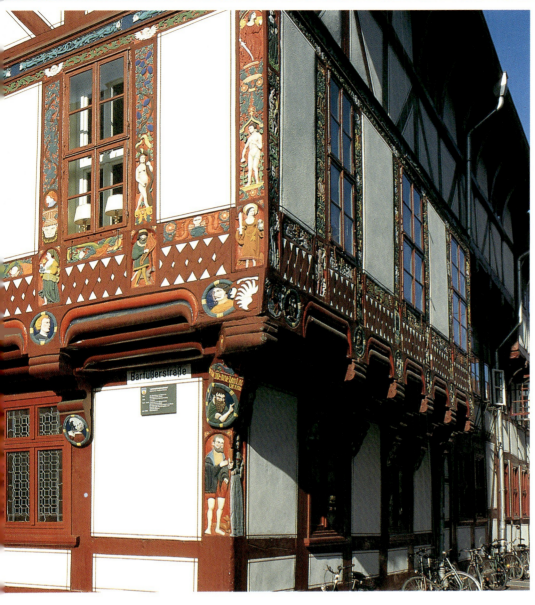

dert. Imposant ist auch das „Schrödersche Haus", das sich der Tuchmacher Jürgen Hovet 1549 bauen ließ. Das Alte Rathaus im Zentrum der Stadt entstand in seiner heutigen Form zwischen 1369 und 1444. Sehenswert auch die alten Fachwerkhäuser an der Paulinerstraße. Wer Heine folgt, wird beeindruckende Zeugnisse deutscher Baukunst bewundern können. Seine Harzreise führt durch Orte, deren Innenstädte inzwischen hervorragend restauriert wurden.

Befragt: Heinrich Heine

Biß und Brillanz zeichnen Ihre Werke aus, Herr Dr. Heine, Ironie und Faszination für das Gesehene, das Gedachte ...

Übertreiben Sie nicht! Zwar weiß ich, was ich wert bin, aber auch woran ich leide ...

Apropos Leiden, weshalb sind Sie als Student 1824 durch den Harz gewandert?

Erstens machten das die meisten Studenten in Göttingen; das war ein Ritual, eine Mutprobe; zweitens hatte ich die Heuchelei meiner Umwelt satt. Die Pfauenwelt geschichtsvergessener Spießer mißfiel mir. Außerdem ging es mir gesundheitlich nicht gut. Oft litt ich unter Migräne. Mein Arzt riet zur Harzwanderung.

Was störte Sie am Lehrbetrieb?

Die geistige Enge behagte mir nicht. Ich war, wie ich in der „Harzreise" schrieb, die letzte Zeit nicht aus dem Pandektenstall herausgekommen, römische Kasuisten hatten mir den Geist wie mit einem grauen Spinnweb überzogen, mein Herz war wie eingeklemmt zwischen den eisernen Paragraphen selbstsüchtiger Rechtssysteme. Der enge, trockene Notizenstolz der hochgelehrten Georgia Augusta ging mir auf die Nerven.

Sind Sie gelaufen oder mit der Postkutsche gefahren?

Auf Schusters Rappen!

Welche Zeilen beschreiben Ihre damalige Stimmung am besten?

*Auf die Berge will ich steigen,
wo die dunklen Tannen ragen,
Bäche rauschen, Vögel singen
und die stolzen Wolken jagen.*

*Lebet wohl, ihr glatten Säle,
glatte Herren! Glatte Frauen!
Auf die Berge will ich steigen,
lachend auf euch niederschauen ...*

Blick über die Göttinger Altstadt. In der Bildmitte die Weender Straße. Auch hier wohnte Heine einmal. Mehrmals wechselte er sein Quartier, denn er war sehr lärmempfindlich. Rechts die Kirche St. Johannis, eines der vielen noch erhaltenen mittelalterlichen Bauwerke Göttingens.

In solch einer Universitätsstadt ist ein beständiges Kommen und Abgehen, alle drei Jahre findet man dort eine neue Studentengeneration, das ist ein ewiger Menschenstrom, wo eine Semesterwelle die andere fortdrängt, und nur die alten Professoren bleiben stehen in dieser allgemeinen Bewegung, unerschütterlich fest, gleich den Pyramiden Ägyptens – nur daß in diesen Universitätspyramiden keine Weisheit verborgen ist.

Die Altstadt von Göttingen mit ihren ehrwürdigen Kirchen: im Hintergrund St. Johannis mit ihrem ungleichen barocken Turmpaar – in einem davon tat früher der Türmer seinen Dienst und warnte die Stadt, wenn Feinde kamen oder ein Feuer ausbrach.

Die Stadt selbst ist schön und gefällt einem am besten, wenn man sie mit dem Rücken ansieht. Sie muß schon sehr lange stehen; denn ich erinnere mich, als ich vor fünf Jahren dort immatrikuliert und bald darauf konsiliiert wurde, hatte sie schon dasselbe graue, altkluge Ansehen ...

Bedeutung und Geltung Göttingens spiegeln sich noch heute in der Pracht der zweischiffigen balkengedeckten Rathaushalle. Auf die Funktionen des Rathauses und die Vergangenheit der Stadt verweisen die historisierende Ausmalung und die Wappen der Hansestädte. Anfang des 13. Jahrhunderts erhielt Göttingen Stadtrechte. Als Mitglied der Hanse (1351–1572) erlebte es seine Blütezeit.

Die Stadt Göttingen, berühmt durch ihre Würste und Universität, gehört dem Könige von Hannover und enthält 999 Feuerstellen, diverse Kirchen, eine Entbindungsanstalt, eine Sternwarte, einen Karzer, eine Bibliothek und einen Ratskeller, wo das Bier sehr gut ist.

D ie alten Fassaden in der Innenstadt gehören zu den Sehenswürdigkeiten von Göttingen. Viele der mit Fachwerk geschmückten Bürgerhäuser stammen aus dem 15. bis 18. Jahrhundert. Der Name Göttingen geht zurück auf die 953 erstmals erwähnte Kaufmannssiedlung Gutingi, die an einer Leinefurt angelegt wurde.
Einige behaupten sogar, die Stadt sei zur Zeit der Völkerwanderung erbaut worden, jeder deutsche Stamm habe damals ein ungebundenes Exemplar seiner Mitglieder darin zurückgelassen, und davon stammten all die Vandalen, Friesen, Schwaben, Teutonen, Sachsen, Thüringer usw., die noch heutzutage in Göttingen, hordenweis und geschieden durch Farben der Mützen und der Pfeifenquäste, über die Weender Straße einherziehen ...

Wohlhabende Göttinger Bürger ließen ihre Häuser ausdrucksstark verzieren. Die „Junkernschänke" mit ihren prachtvollen Schnitzereien gibt davon Zeugnis. Sie wurde 1451 als gotisches Fachwerkhaus errichtet und von 1547 bis 1549 im Renaissancestil umgebaut.

Göttinger Wahrzeichen: das Gänseliesel auf dem Marktbrunnen vor dem Alten Rathaus. Man sagt, es sei „das meistgeküßte Mädchen der Welt". Seit 1901 schmückt es den Brunnen. Aus dieser Zeit stammt auch der Brauch, daß jeder frischgebackene Doktor die bronzene Schöne küssen muß.

Über Northeim, Osterode nach Clausthal-Zellerfeld

Heine verließ Göttingen, um Natur und sich selbst zu erleben. Er suchte Distanz zum städtischen Treiben, er suchte die Veränderung. Die Stadtluft hatte er satt. Er wollte sich an der Natur erquicken, erfreuen. Menschen, die sich Leiden und Schmerzen zufügen, wollte er hinter sich lassen. Wie wir heute wissen, gelingt das selten. Auch Göttingen ließ Heine nicht los. Er tat sich schwer, die Stadt und ihre Menschen zu vergessen. Von der Weender Straße in Göttingen bis Northeim fährt man heute eine knappe Autostunde, wenn man kurz Nörten-Hardenberg streift, wo Heine Mittag machte. Die alte, ihm gut bekannte Wirtin Bussenia brachte ihm ein Butterbrot. Sie beklagte sich, daß Heine sie so selten besuche, denn sie schätze ihn sehr. Die Göttinger Studenten müssen oft dort gewesen sein, um Wein, Weib und Gesang zu genießen.

Heute empfiehlt sich ein Gang durch die Innenstadt. Noch empfehlenswerter ist der Besuch der Burgruine Hardenberg. Heine pries sie und ihre Lage: „Der Hardenberg bei Nörten ist die schönste." Zerstörte Burgen sah er während seiner Harzreise oft. Unsicherheit und Vergänglichkeit des Lebens entdeckte er auf Schritt und Tritt. Emotionen wurden wach. Er zog weiter, dichtete wandernd: Steiget auf, ihr alten Träume / Öffne dich, du Herzenstor / Liederwonne, Wehmutstränen / Strömen wunderbar hervor …

Von Nörten bis Northeim – das er noch mit d schreibt – wird Heine gut zwei Stunden gebraucht haben. Täglich wanderte er über zwanzig Kilometer.

Er beschreibt die Stadt nicht ausführlich, obwohl sie im Dreißigjährigen Krieg dreimal belagert und ausgeplündert wurde. Die Folgen hatten zu einer Verarmung geführt. Doch die Bewohner ließen sich nicht unterkriegen. Zu Heines Zeit war die Stadt schon wieder aufgeblüht. 1803 waren schwefelhaltige Quellen entdeckt worden. Leider stellte sich heraus, daß der Schwefelgehalt des Wassers beständig abnahm. Der Traum von „Bad Northeim" war schnell ausgeträumt. Vielleicht dachte der Jurastudent aus Göttingen auch, als er den Ort durchschritt, daß „von den ersten Erbauern der Stadt Northeim in der Tat keine bessere Lage für eine Stadt in dieser Gegend" hätte gewählt werden können, wie Johann P. Rüling 1779 meinte.

Northeim heute betrachtet sich als Tor zum Harz, lobt sein attraktives Einkaufszentrum und die Fußgängerzone, in der jener Gasthof liegt, den Heine aufsuchte: „Die liebe Wirtshaussonne ist auch nicht zu verachten; ich kehrte hier ein und fand das Mittagessen schon fertig. Alle Gerichte waren schmackhaft zubereitet und wollten mir besser behagen als die abgeschmackten akademischen Gerichte, die salzlosen, ledernen Stockfische mit ihrem alten Kohl, die mir in Göttingen vorgesetzt wurden."

Leider besitzt der Sonnenwirt keine Gästebücher der damaligen Zeit mehr. Nur einige Fotos aus dem letzten Jahrhundert blieben erhalten, die das alte Haus zeigen. Früher habe man hier die Pferde gewechselt, sagt er.

Ende des 17. und Anfang des 18. Jahrhunderts führten Felseinstürze dazu, daß die Burg Hardenberg bei Nörten nicht mehr als Wohnsitz dienen konnte. Sie verfiel zu einer Ruine. Dieser Stahlstich wurde um 1830 angefertigt und zeigt das ehemalige Hinterhaus.

Das Hotel „Sonne" liegt in der Breiten Straße. Nur wenige Häuser vom ehemaligen Gildehaus der Knochenhauer entfernt. Damals wird die Stadt – innerhalb der wehrhaften Befestigungsmauer, von der noch zwei Drittel erhalten sind – dem jungen Heine kaum ein so wirkungsvoll restauriertes Stadtbild geboten haben wie den heutigen Besuchern.

Hotel „Sonne" in Northeim. In diesem Gasthof machte Heine auf seiner Reise Rast und genoß die gute Küche (oben links). Northeims alte Gassen laden zum Verweilen ein. Liebevoll restauriert präsentiert sich die Altstadt (oben rechts).

Northeim besitzt wertvolle Kulturzeugnisse niedersächsischer Stadtgeschichte. Der Charme der historischen Kulisse entfaltet sich bei einem Rundgang. In einem der schönsten Gebäude der Stadt befindet sich das Stadtmuseum. Das Hospital St. Spiritus wurde im Jahr 1500 errichtet.

„Hinter Nordheim", schrieb Heine, „wird es schon gebirgig, und hier und da treten schöne Anhöhen hervor." Er begegnete Menschen, die ihm Geschichten erzählten und ihn erheiterten.

Aus welcher Richtung man sich auch der Stadt Osterode nähert, der gewaltige Turm der St. Aegidien Marktkirche beherrscht das Panorama. Am Kornmarkt, im späten Mittelalter Zentrum des städtischen Lebens, steht das Rinnesche Haus. Hier befand sich der Gasthof, in dem Heine 1824 übernachtete, bevor ein riesiges Feuer 1850 viele Häuser vernichtete.

Ob sich Heine nach dem Osteroder Harzkornmagazin erkundigt hat, in dem das Brotgetreide lagerte, das aus verschiedenen Regionen hierher geliefert wurde, ist nicht überliefert. Damals verkaufte der staatliche Magazinverwalter das Getreide zu günstigen, festgesetzten Preisen an die Oberharzer. Die Stadtmitte ist ein Kleinod. Wer Zeit hat, sollte sich auf die Geschichte dieser Stadt ein-

In Osterode wurde durch mehrere Brände im 17., 18. und 19. Jahrhundert ein Großteil der Häuser vernichtet. Mit viel Mühe wurde die Stadt restauriert, so daß man auch heute noch in den alten Stadtteilen zahlreiche schöne Fachwerkhäuser sehen kann (oben).

Über Northeim, Osterode nach Clausthal-Zellerfeld

lassen, deren Lage am Ausgang des Lerbach- und Sösetals sich gut für eine Siedlung eignete. Die ersten urkundlichen Erwähnungen stammen aus dem 12. Jahrhundert. Bereits 1152 wurde diese Siedlung als „villa opulentissima", als blühendes Dorf, bezeichnet. Stadt und Burg Osterode gehörten lange zum Herrschaftsbereich der Welfen.

Als Heine spätabends in Osterode ankam, war er hundemüde. Vielleicht hätte er sonst dem „Historischen Rathaus" mit seinem Ratskeller einen Besuch abgestattet. Oder er hätte über den Talisman der Stadt gelästert, der an der Stirnseite des Hauses hängt, eine Walfischrippe; sie soll vor Hochwasser und anderer Not bewahren.

„In pechdunkler Nacht kam ich an zu Osterode. Es fehlte mir der Appetit zum Essen, und ich legte mich gleich zu Bette. Ich war müde wie ein Hund und schlief wie ein Gott. Im Traume kam ich wieder nach Göttingen zurück …"

Das ungeliebte Studium, die Rechtsgelehrten belasteten seinen Schlaf.

Das „Rinnesche Haus" in Osterode. In diesem Gebäude übernachtete Heinrich Heine im September 1824.
Erwachend hörte ich noch immer ein freundliches Klingen. Die Herden zogen auf die Weide, und es läuteten ihre Glöckchen. Die liebe, goldene Sonne schien durch das Fenster und beleuchtete die Schildereien an den Wänden des Zimmers.

Doch am nächsten Morgen zog er ausgeruht weiter. „Nachdem ich Kaffee getrunken und mich angezogen, die Inschriften auf den Fensterscheiben gelesen und alles im Wirtshaus berichtigt hatte, verließ ich Osterode."

Er hatte im Hotel „Englischer Hof" übernachtet. Am 14. September 1824 wanderte er weiter. „Ehe ich die Landstraße einschlug, bestieg ich die Trümmer der uralten Osteroder Burg." Immer wieder blätterte er in

Diesen Wald in der Nähe des Ortes Lerbach hat Heine sicher ähnlich erlebt, als er sich von Osterode in Richtung Clausthal-Zellerfeld aufmachte.

Die Oberharzer Marktkirche Zum Heiligen Geist in Clausthal-Zellerfeld ist mit 2200 Plätzen, einer Länge von 45 Metern und einer Breite von 22,5 Metern die größte deutsche Holzkirche. Nach einigen Restaurationen wurde 1982 das Dach mit Bleiplatten neu gedeckt.

Friedrich Gottschalks „Taschenbuch für Reisende in den Harz", witzelte über dessen umständliche Angaben. Er vertraute seinen eigenen Augen und Ohren.

„Von einer der ersten Höhen schaute ich nochmals hinab in das Tal, wo Osterode mit seinen roten Dächern aus den grünen Tannenwäldern hervor guckt, wie eine Moosrose. Die Sonne gab eine gar liebe, kindliche Beleuchtung."

Heine wanderte weiter. Auf dem Rücken den Ranzen. Hier und da ließ er ein Kleidungsstück zurück, mal waren es Schuhe, mal eine „blaue Hose". Mit dem Wetter hatte er Glück. Gute, zufriedene Stimmungen stellten sich ein: „Wenn man auch, wie es sich gebührt, das Herz auf der linken Seite hat, auf der liberalen, so kann man sich doch nicht aller elegischen Gefühle erwehren beim Anblick der Felsennester ...", notierte er in Erinnerung an manche Burgruine, die er während der letzten Tage gesehen hatte. „Mein Gemüt war, je mehr ich mich von Göttingen entfernte, allmählich aufgetaut; wieder wie sonst wurde mir romantisch zu Sinn ..."

Er ging auf Lerbach zu, das wenige Kilometer von der Osteroder Altstadt entfernt liegt. Unterwegs sah er schöne Bergwiesen, stille Wälder, war glücklich angesichts einer ursprünglichen Landschaft.

Eingebettet in ein windgeschütztes Tal liegt der Erholungsort Lerbach. Wer Bergbaukultur erleben will, sollte eine Wanderung entlang der Lerbacher Eisensteingruben unternehmen. Zu Heines Zeit wohnten im Ort Bergleute. Ruß, Rauch, karges Leben und Not prägten den Alltag.

Bergleute waren es, die vor mehr als tausend Jahren aus dem Harz eines der bedeutendsten Industriegebiete Europas machten. Der Holzhunger der Erzverhüttung und der Brennholzbedarf der Bevölkerung führten jedoch zeitweilig zur Entwaldung weiter Bereiche des Harzes. Die natürlich vorkommenden Baumarten wurden durch den Anbau schnellwüchsiger Fichtenhölzer verdrängt. Von Osterode kommt der Reisende heute nach einer langen, steilen Anfahrt auf der Kulmhochfläche an. Vorbei an Wald und Wiesen, links der Prinzenteich, rechts das ehemalige Fuhrmannsdorf Buntenbock. Man fährt durch immergrüne Berg-

Über Northeim, Osterode nach Clausthal-Zellerfeld

wälder, erblickt Teiche, sieht Bäche, die wirklich klar sind, weil die Orte des Oberharzes schon längst an eine Fernabwasserleitung angeschlossen sind.

Clausthal und Zellerfeld wurden in ihren alten Stadtteilen hangaufwärts gebaut. Bergmannshäuser schmiegen sich an die Hänge, suchen Schutz vor der rauhen Witterung. Holzhäuser trotzen dem Wind und geben dem Ort ein unverwechselbares Gesicht. Die Kirchen, die Amts- und Rathäuser, die ehemalige Münze, das Geviert der früheren Bergakademie, einige Bergapotheken und etliche stattliche Häuser, deren Bauherren höhere Beamte des Berg- und Hüttenwesens waren, überragen die anderen Bauten.

Katastrophale Stadtbrände haben im Laufe der Zeit das Stadtbild verändert. „In dieses nette Bergstädtchen, welches man nicht früher erblickt, als bis man davor steht, gelangte ich, als eben die Glocke Zwölf schlug", schrieb Heine.

Heines Quartier in der alten Bergstadt Clausthal war das Hotel „Goldene Krone", ein dreigeschossiges Haus.

„In der ‚Krone' zu Clausthal hielt ich Mittag. Ich bekam frühlingsgrüne Petersiliensuppe, veilchenblauen Kohl, einen Kalbsbraten, groß wie der Chimborasso in Miniatur, sowie auch eine Art geräucherter Heringe, die Bückinge heißen ..." Dem Studenten Heine schmeckte es. Deshalb kann man heute in dem Gasthof „Goldene Krone" noch das gleiche Gericht essen. Und ein Zimmer, das seinen Namen trägt, erinnert im neuen Seminar-Hotel an Heines Aufenthalt.

Im Oberharzer Bergwerksmuseum, Bornhardtstraße 16, in Clausthal-Zellerfeld wird dem Besucher die Arbeit in einem Bergwerk anschaulich vermittelt. Hier wird die Fahrkunst gezeigt, ein Leitersystem, welches die Bergleute in die Schächte hinein- und wieder herausbrachte.

Das Oberbergamt in Clausthal nach einer Fotografie von 1898. 1727–31 wurde es nach einem Brand wiederaufgebaut und später mehrfach erweitert.

Ausführlich beschreibt er seinen Einstieg in die Gruben der „Dorothea" und „Carolina" vor Ort. Heute noch ähnlich nachvollziehbar. Wer Zeit hat, sollte eine Führung im Bergwerksmuseum nicht verpassen! „Ich war zuerst in die Carolina gestiegen", berichtet Heine. „Das ist die schmutzigste und unerfreulichste Carolina, die ich je kennengelernt habe. Die Leitersprossen sind kotig naß. Und von einer Leiter zur andern geht's hinab, und der Steiger voran, und dieser beteuert immer: es sei gar nicht gefährlich, nur müsse man sich mit den Händen fest an den Sprossen halten … Da unten ist ein verworrenes Rauschen und Summen, man stößt beständig an Balken und Seile, die in Bewegung sind, um die Tonnen mit geklopften Erzen oder das hervorgesinterte Wasser heraufzuwinden. Zuweilen gelangt man auch in durchgehauene Gänge, Stollen genannt, wo man das Erz wachsen sieht …."

Clausthal-Zellerfeld ist eine traditionsreiche Bergstadt, die durch die ehemalige Bergakademie, die heutige Technische Universität, bekannt wurde und sich auch als heilklimatischer Kurort einen Namen gemacht hat. Das Oberharzer Bergwerksmuseum vermittelt die eigene Atmosphäre unter Tage, verdeutlicht die harten Arbeitsbedingungen, aber auch den Erfindungsreichtum der Bergleute über viele Jahrhunderte. Sehenswert ist die größte Holzkirche Deutschlands, die Marktkirche Zum Heiligen Geist.

„Ich blieb die Nacht ebenfalls in der Krone", vermerkt Heine. „Als ich mich ins Fremdenbuch einschrieb und im Monat Juli blätterte, fand ich auch den vielteuern Namen Adelbert von Chamisso, den Biographen des unsterblichen Schlemihl."

Befragt: Heinrich Heine

Hand aufs Herz, Herr Dr. Heine, manche Ihrer Interpreten halten Carolina für eine Frau und Ihren Text für recht zweideutig …

Recht haben sie. Doch bis in die unterste Tiefe, wo man, wie einige behaupten, schon hören kann, wie die Leute in Amerika „Hurrah Lafayette!" schreien, bin ich nicht gekommen; unter uns gesagt, dort, bis wohin ich kam, schien es mir bereits tief genug: immerwährendes Brausen und Sausen … Auch das steht in meinem Text.

Ihr Blick geht immer wieder über die Landschaft hinaus. Sie sehen Gesichter, Fabelwesen, erkennen in all dem, was sie erleben, Deutschland. Was kennzeichnet dieses Land heute?

Mir fehlen Erfahrungen, Einsichten, Entdeckungen. Aber oft habe ich schon zu meiner Zeit so etwas wie Heimathaß registriert. Auch an mir. Wer soviel gereist ist wie ich, kränkelt an den muffigen, stickigen deutschen Kammern. Wir alle haben verlernt, das Helle wahrzunehmen; die Wünsche und Träume, die in einem Land liegen, tief unter den Schmeißfliegen; versteckt hinter verschlossenen Türen, hinter leidenschaftslosen Gesichtern. Auch im Harz sah ich viele Schattenbilder deutscher Verhältnisse.

Leider muß ich jetzt auf mein Zimmer. Morgen geht es weiter. Gute Nacht.

Die Leine zwischen Göttingen und Northeim ist noch immer ein geruhsamer, anmutiger Fluß. *Der vorbeifließende Bach heißt „die Leine" und dient des Sommers zum Baden; das Wasser ist sehr kalt und an einigen Orten so breit, daß Lüder wirklich einen großen Anlauf nehmen mußte, als er hinübersprang.*

Nort-heim, an der Rhume, nahe ihrer Mündung in die Leine und zwischen Harz und Solling gelegen, besitzt schöne alte Gassen und Straßen, die liebevoll restauriert wurden. Der Charme der historischen Stadtgestalt entfaltet sich bei einem Rundgang. Trotz eines großen Brands (1832), dem der Kern der Altstadt sowie das Rathaus, das Knochenhauergildehaus und das Heiligengeisthospital zum Opfer fielen, sind noch viele Fachwerkhäuser sowie die mittelalterliche Stadtbefestigung erhalten.

Das historische Rathaus des erstmals 1152 erwähnten Osterode wurde sieben Jahre nach dem Brand von 1545 neu erbaut. Der breite Fachwerkgiebel ist mit Goslarer Schiefer verziert. In der Mitte sieht man das Wahrzeichen der Stadt: Die Walfischrippe sollte die Bürger vor Hochwasser und anderer Not bewahren.
Diese Stadt hat soundsoviel Häuser, verschiedene Einwohner, worunter auch mehrere Seelen, wie in Gottschalks „Taschenbuch für Harzreisende" genauer nachzulesen ist.

Lerbach, direkt am westlichen Harzrand unweit von Osterode gelegen und eingebettet in ein windgeschütztes Tal, ist heute ein Erholungsort. Zu Heines Zeit wurde das Dorf von Bergleuten bewohnt.

In dieses nette Bergstädtchen, welches man nicht früher erblickt, als bis man davor steht, gelangte ich, als eben die Glocke zwölf schlug und die Kinder jubelnd aus der Schule kamen.

Im Oberharzer Bergwerksmuseum in Clausthal-Zellerfeld läßt sich das harte Leben der Bergleute nachvollziehen, welches Heine beschrieb. Dieses Modell läßt den Museumsbesucher erahnen, wie es in den Stollen zuging.

Wälder wie Meereswellen": Heine war von der Landschaft des Hochharzes überwältigt. Im Hintergrund die erst nach dem Zweiten Weltkrieg errichtete Okertalsperre, einer der größten Stauseen des Harzes.

Die Berge wurden hier noch steiler, die Tannenwälder wogten unten wie ein grünes Meer, und am blauen Himmel oben schifften die weißen Wolken. Die Wildheit der Gegend war durch ihre Einheit und Einfachheit gleichsam gezähmt. Wie ein guter Dichter, liebt die Natur keine schroffen Übergänge.

Goslar: Kultur- und Naturerbe der Menschheit

Den andern Morgen mußte ich meinen Ranzen nochmals erleichtern", schreibt Heinrich Heine, „das eingepackte Paar Stiefel warf ich über Bord, und ich hob auf meine Füße und ging nach Goslar. Ich kam dahin, ohne zu wissen wie. Nur soviel kann ich mich erinnern: Ich schlenderte wieder bergauf, bergab, schaute hinunter in manches hübsche Wiesental ..."

Wandern verstärkt die Lust, überflüssige Last abzuwerfen. Bei Heine mußten die Stiefel dran glauben. Daß Wanderer gelegentlich in Trance geraten, sich kaum noch an landschaftliche Schönheiten erinnern können, weil die Füße schmerzen, hat er auch erfahren.

Heine war gut zu Fuß, als er ins einstige Zentrum des deutschen Reiches kam, in die alte Kaiserstadt: damals ramponiert, ein wenig verwahrlost. Der Altstadtkern war auf engstem Raum angelegt worden. Nur einen Quadratkilometer mißt er. Wer heute nach Goslar fährt, sollte den Parkplatz vor der Kaiserpfalz ansteuern. Von dort läßt sich der mächtige, im romanischen Stil errichtete Pfalzbau optimal wahrnehmen. Dahinter erhebt sich der über sechshundert Meter hohe Rammelsberg mit dem erst 1988 stillgelegten Silberbergwerk. Eindrucksvoll noch immer die von Heine geschmähte Altstadt mit schmalen Gassen und einzigartigen Fachwerkhäusern, die 1992 zum „Kultur- und Naturerbe der Menschheit" erklärt wurde. Dichter beschreiben ihre Zeit. Sie sind selten Propheten!

„Der Name Goslar klingt so freundlich, und es knüpfen sich daran so viele uralte Kaisererinnerungen,

Der Kaiserstuhl in der Domvorhalle in Goslar. Der Dom wurde 1819 abgerissen. Nur die Domvorhalle blieb erhalten.

daß ich", schrieb der Rheinländer, „eine imposante, stattliche Stadt erwartete. Aber so geht es, wenn man die Berühmten in der Nähe sieht! Ich fand ein Nest mit meistens schmalen, labyrinthisch krummen Straßen, allwo mittendurch ein kleines Wasser, wahrscheinlich die Gose, fließt, verfallen und dumpfig, und ein Pflaster, so holprig wie Berliner Hexameter ..."

Goslar heute beeindruckt den Besucher. Die immer noch kopfsteingepflasterten Gassen und restaurierten Häuser, die darauf warten, daß sie ihre Geschichte erzählen können, sind Kleinodien. Als Heine die Stadt besuchte, nahm er Gestank, Funzellicht, Uringeruch und Verfall wahr. Kuhmist lag auf den Straßen jener Städte, die er auf seiner Harzreise berührte. Ruß hatte die Bauten geschwärzt, und nicht immer verklärte die Sonne den Alltag. Es gab auch bittere Armut, Not und Elend. In seinen Texten klingt es an.

„Wer Deutschland kennen will, muß Goslar gesehen haben", lächelt Oberstadtdirektor Primus hintergründig, doch werbewirksam. Dabei verschweigt er nicht die Probleme der Stadt, deren Schulden wachsen wie die anderer Städte auch.

Der Silberreichtum des Rammelsberges hatte im 11. Jahrhundert Heinrich II. hergelockt. Im Harz lag das Geld unter der Erde. Seine

In Goslar ist der Kern der ursprünglichen Stadt innerhalb der mittelalterlichen Befestigung zum größten Teil erhalten. Die Altstadt wurde in die UNESCO-Liste des Kulturerbes der Menschheit aufgenommen.

Schätze zogen deutsche Könige und Kaiser magisch an. Bereits im Jahre 1009 fand die erste Reichsversammlung in Goslar statt. Die Kaiserpfalz wurde errichtet. Goslar wuchs zu einer der bedeutendsten Städte des Mittelalters. Durch Metallhandel und Münzrecht erhielt die Stadt eine wichtige Stellung innerhalb der Hanse. Kirchen, Kapellen, Spitäler zeugen noch vom ehemaligen Wohlstand. Ebenfalls die Gilde- und Bürgerhäuser mit ihrem kunstvoll verzierten Fachwerk.

Ich gehe gern abends durch Goslar. Dann entfaltet die Innenstadt jenen Zauber, der einen unvergeßlichen Blick in die Vergangenheit europäischer Geschichte zuläßt. Morgens – bevor die Touristen kommen – sitze ich gelegentlich schräg gegenüber dem Rathaus im einstigen Gildehaus der Gewandschneider und Großkaufleute. Heute ein Hotel mit Restaurant: Kaiserworth. Dort gibt es guten Milchkaffee. Und überall Postkarten, hätte vermutlich Heine

Im Rathaus befindet sich die Goslarer Bergkanne von 1477, eine der schönsten Goldschmiedearbeiten jener Zeit. Wahrscheinlich hat Johann Turzo sie dem Rat Goslar geschenkt, als er im Auftrag der Fugger Anteile am Rammelsberg erwerben wollte.

Goslar: Kultur- und Naturerbe der Menschheit

Das „Brusttuch", ein Bürgerhaus, wurde Anfang des 16. Jahrhunderts erbaut. Das Erd- und das Zwischengeschoß sind massiv, das Obergeschoß ist Fachwerk. An den Fußstreben befinden sich aufwendige figürliche Schnitzereien. Diese Fotografie stammt aus dem Jahr 1895. So ähnlich wird Heine das „Brusttuch" gesehen haben.

geschrieben. Ein verläßliches Medium. Sie scheinen jeden Wandel zu überstehen, überleben sogar die elektronische Revolution. Sie dokumentieren, daß wir nicht da, sondern unterwegs sind …

„Das Rathaus zu Goslar ist eine weiß angestrichene Wachtstube", lästerte Heine. Heute ist es mit seinen Ziergiebeln, Arkaden, Treppen und Säulen eine architektonische Kostbarkeit, von denen es in Goslar noch einige gibt. Die Reichsstadt war im Mittelalter wohlhabend. Neider gab es viele. Auch deshalb wurden Mauern und Türme errichtet, die Schutz boten. Beim Spaziergang durch die Altstadt lassen sich Wehrhaftigkeit und Bedeutung der Stadt noch erahnen.

Heines Urteil über die Stadt, die er als heruntergekommen empfand, stimmt längst nicht mehr. Ihr kulturelles und wirtschaftliches Gewicht in der Region hat vehement zugenommen. Ihre Attraktivität zieht viele Besucher an. Daß Goslar zum Weltkulturerbe gehört, verdankt die Stadt dem Umstand, daß sie im Zweiten Weltkrieg nicht sinnlos wie andere Städte zerstört und in den letzten Jahrzehnten liebevoll und aufwendig restauriert wurde.

Der Huldigungssaal im Rathaus zu Goslar. Die Holzvertäfelung ist mit prächtigen Gemälden aus dem 16. Jahrhundert verziert, die auch biblische Szenen zeigen.

Befragt: Heinrich Heine

Sie sollen bei Ihrer Harzwanderung einen braunen Überrock, gelbe Pantalons, eine gestreifte Weste, ein schwarzes Halstuch, eine grüne Kappe und einen grünen Tornister getragen haben?

Aufgang zum Rathaus: Rechts sieht man die „Kaiserworth", ein ehemaliges Gildehaus, das heute ein Hotel beherbergt. In den gotischen Nischen an der Vorderfront befinden sich barocke Holzfiguren von acht Kaisern.

Ja, ich weiß, das schrieb später ein Kaufmann, dem ich hinter Osterode begegnete. Diese Kleidung war damals üblich.

Goslar, Herr Heine, scheint Ihnen nicht gefallen zu haben?

Damals war es ein verschnarchtes, hinfälliges Nest. Ich hatte eine Stadt erwartet, der man im 15. Jahrhundert den Beinamen „nordisches Rom" gegeben hatte, überragt von den Türmen seiner 47 Kirchen. Ich hatte einen mächtigen Dom und eine riesige Kaiserpfalz erwartet. Leider war vieles ruiniert worden. Wortwörtlich. Der Dom sogar abgerissen. Stickig war es, überall stank es. Dies erklärt meine Enttäuschung. Das heutige Goslar gefällt mir gut.

Was würden Sie sich anschauen, wenn Sie drei Tage in Goslar verweilen könnten?

Natürlich das Rathaus, natürlich den Reformationsschauplatz, die Jakobikirche. Selbstverständlich auch die Lohmühle, die Neuwerkkirche, das Brusttuch, das St. Annenhaus, vor allem aber das Mönchehaus-Museum mit vorzüglichen Ausstellungen und seinem einzigartigen Garten, umgeben von den Rückseiten alter Fachwerkhäuser.

Welchen Weg haben Sie von Goslar zum Brocken genommen?

Auf Bad Harzburg lief ich zu. Etwa dort, wo die heutige Ecker-Talsperre liegt, stieg ich auf zum Berg. Nach dem Stand der Sonne war es Mittag, als ich auf eine Herde stieß. Der Hirte, ein freundlicher junger Mann, sagte lächelnd, der große Berg, an dessen Fuß ich stände, sei der alte, weltberühmte Brocken.

Er lud Sie ein, mit ihm zu essen?

Ja, weit und breit war kein Haus zu sehen. Ich war froh, daß er mir Käse und Brot anbot. Wir tafelten königlich. Überhaupt schien mir mein Wirt ein echter König zu sein. Deshalb auch habe ich ihn königlich besungen.

König ist der Hirtenknabe,
Grüner Hügel ist sein Thron,
Über seinem Haupt die Sonne
Ist die schwere, goldne Kron …

Leider kann ich nur diesen Vers, Herr Heine …

Daß Sie den Anfang meines kleinen Poems zitieren können, verblüfft mich. Die meisten kennen doch nur die erste Zeile der Loreley.

Der historische Marktplatz ist Goslars Mittelpunkt. Überall zeigen sich die Spuren einer glanzvollen Geschichte. Man ahnt die Bedeutung der ehemaligen Wirtschafts- und Handelsmetropole. Heine jedoch schien im Gegensatz zu unzähligen Besuchern der Stadt vom Goslarer Marktplatzensemble nicht besonders beeindruckt zu sein:
Der Markt ist klein, in der Mitte steht ein Springbrunnen, dessen Wasser sich in ein großes Metallbecken ergießt. Bei Feuersbrünsten wird einigemal daran geschlagen; es gibt dann einen weitschallenden Ton. Man weiß nichts vom Ursprunge dieses Beckens. Einige sagen, der Teufel habe es einst zur Nachtzeit dort auf den Markt hingestellt. Damals waren die Leute noch dumm, und der Teufel war auch dumm, und sie machten sich wechselseitig Geschenke.

Ich fand ein Nest mit meistens schmalen, labyrinthisch krummen Straßen", schrieb Heine über die Kaiserstadt Goslar, deren Altstadt heute zum Weltkulturerbe gehört. Das Siemenshaus ist ein Patrizierhaus aus dem Jahr 1693. Der Gebäudekomplex hat einen malerischen Innenhof. Er wurde von Hans Siemens, einem Vorfahren des berühmten deutschen Erfinders, Technikers und Industriellen Werner v. Siemens erbaut. Das Haus befindet sich noch heute im Besitz des Familienverbands der v. Siemens.

Die Geschichte der Stadt Goslar ist mit Kaisern und Königen verbunden. Auf einer Anhöhe neben dem im 19. Jahrhundert abgerissenen Goslarer Dom liegt der Saalbau der Kaiserpfalz; links daneben die doppelgeschossige St.-Ulrichs-Kapelle, eines der bemerkenswertesten Beispiele einer Palastkapelle. Den Vorplatz dominieren die 1900 errichteten Reiterstandbilder Barbarossas und Kaiser Wilhelms I. Das erste Gebäude der Kaiserpfalz ließ Heinrich II. von 1005 bis 1015 errichten. In den folgenden Jahrhunderten gab es einige Erweiterungen. Von 1868 bis 1879 wurde die seit dem späten Mittelalter durch Brand zerstörte und nur provisorisch wiederhergestellte Pfalz mit viel Phantasie restauriert. Von ihren beiden Kapellen blieb die St.-Ulrichs-Kapelle erhalten. Hier steht das aus dem Dom gerettete Grabmal Heinrichs III. (1017–1056) mit dem Herz des Kaisers.

Die malerische Diele des St.-Annen-Stifts weist zahlreiche Kunstwerke auf, unter anderem mehrere Kruzifixe und Holzplastiken aus verschiedenen Jahrhunderten. St. Annen, das älteste noch vollständig erhaltene Fachwerkhaus in Goslar, diente bis in die jüngste Vergangenheit der Unterbringung alleinstehender alter Frauen. 1488 wurde das Haus von der Patrizierfamilie Sagemüller zu diesem Zweck errichtet.

Brockenwanderungen

Die Grenzen eines Landes – wo sind sie? Wo fängt etwas an, hört etwas auf? Verwirrungen lösen sich. Im Mai 1991 war ich zum erstenmal mit einem Fernsehteam auf dem Brocken, hatte gelesen, daß ehemalige Grenzsoldaten die Grenzanlagen abbauen. Vom Brocken wußte ich, daß Goethe, Andersen, Heine dort gewesen waren. Und daß er ein Deutscher sein soll, ein rechter Deutscher. Heimat, das war immer zwiespältiges Bewußtsein, immer auch von mir zurückgewiesene Ähnlichkeit. Heimat, das waren Namen auf Gedenktafeln, die ich in Göttingen, Osterode, Goslar und Ilsenburg gelesen hatte. „Alter Kram", würde Heine seufzen, „nach vorn denken!"

Träume sagen oft mehr über die Wirklichkeit aus als Daten, Namen, Berichte. Auch Heine träumte auf seiner Harzreise. Träume erhellen von innen. Tagträume, Nachtträume, Wunschträume. Bundeskanzler Helmut Kohl hatte sich kurz zuvor blühende Landschaften im Osten gewünscht. Während wir auf den Brocken stiegen, durchzogen Nebelschwaden den Wald.

Landschaften haben Wahrzeichen, Wegemarken, Kennzeichen. Zweihundert Nebeltage im Jahr sind auf dem Brocken keine Seltenheit, hatte ein Förster gesagt, den wir in Torfhaus trafen. Stark wechselnde klimatische Faktoren bestimmen die-

Insbesondere die östliche Seite des von Bergen und Klippen umgebenen wildromantischen Okertales ist von bizarren Granitformationen gekrönt. Von den bis zu 610 Meter hohen Kästeklippen bietet sich eine phantastische Fernsicht zum Brocken. Unmittelbar am Wanderweg nach Romkerhalle mit seinem zu Heines Zeiten noch nicht angelegten künstlichen Wasserfall liegt die „Mausefalle", ein Naturwunder aus Stein (oben).

sen Lebensraum. Unten die Buchen, dann die Bergfichten, danach die Moorfichtenwälder. Und oben die subalpinen Felshalden und Bergheiden.

Der Harz ragt aus der norddeutschen Tiefebene hervor. Er soll sich vor vierhundert Millionen Jahren gebildet haben. Später sei er nochmals angehoben und nach Nordwesten gedrückt worden. Schulwissen.

Auch ich kam beim ersten Brockenbesuch über Göttingen, übernachtete dort. Fuhr über Braunlage nach Schierke, hatte beim gelegentlichen Anhalten uralte Riffe aus Kalkalgen und Moostierchen gesehen, schaute auf wuchtige Gesteinsstapel, wie von Riesen geworfen oder umgerissen.

In Schierke klärte mich der Brockenwirt auf, der dort wohnt: „Wie Sie wissen, war der Berg militärisches Sperrgebiet. Wegen seiner herausragenden Lage war er als Horchposten gut geeignet. Die Stasi hatte eine riesige Abhöranlage installiert. Alle Telefongespräche zwischen Ost und West konnten abgehört werden. Das Brockenmassiv war hermetisch abgeriegelt."

Im Mai 1991 war noch der Metallgitterzaun zu sehen, der Deutschland Ost von Deutschland West teilte. Wir sahen Menschen, Brockenwanderer, die auf dem Goetheweg weinten,

Die Feuersteinklippen bei Schierke. Die rötliche Farbe des Granits hat diesen Klippen ihren Namen gegeben.

als sie die Betonpisten und Zaunreste sahen. Reisen heißt auch sich vorzustellen, daß die Welt anders sein könnte.

Inzwischen bin ich siebenmal auf dem Brocken gewesen. Mal von Schierke, mal von Ilsenburg, mal von Torfhaus, mal von Wernigerode, mal zu Fuß, mal mit der Schmalspurbahn, mal mit dem Brockenwirt. Seit den ersten Tagen der Freiheit verkauft er auf der Kuppe Erbsensuppe mit Bockwurst. Hans Steinhoff ist ein gewitzter, mit allen Brockenwassern gewaschener Ossi, der die Gesetze der Marktwirtschaft im Flug erlernte. Er erlebte, wie die Stahlbetonelemente der zweieinhalb Kilometer langen Brockenmauer abtransportiert wurden, vom Abbaukommando Ilsenburg. Sich mit ihm unterhalten heißt den Oberharz genießen.

Brockenwanderungen

Die Brockenbahn existierte zu Heines Zeit noch nicht. Damals mußte man noch zu Fuß den 1142 Meter hohen Berg der Mythen und der Sagen erklimmen. Erst 1887 wurde der erste Streckenabschnitt eingeweiht. Im Hintergrund liegt Schierke. Diese Aufnahme entstand Anfang der dreißiger Jahre.

Unerreichbar lag der Brocken fast drei Jahrzehnte im Niemandsland zwischen Ost und West. Mit Mauer, Minen und Metallgitterzaun. Seit er wieder bestiegen werden kann, zieht der Berg jährlich rund zwei Millionen Menschen an.

„Die Sonne ging auf. Die Nebel flohen wie Gespenster beim dritten Hahnenschrei. Ich stieg wieder bergauf und bergab, und vor mir schwebte die schöne Sonne, immer neue Schönheiten beleuchtend." Heine notierte diese Zeilen während seiner Harzreise. „Der Geist des Gebirges begünstigte mich ganz offenbar; er wußte wohl, daß so ein Dichtermensch viel Hübsches wiedererzählen kann, und er ließ mich diesen Morgen seinen Harz sehen, wie ihn gewiß nicht jeder sah ..."

Der Hochharz gehört zu den bedeutenden Wasserüberschußgebieten Deutschlands. Es regnet oft. Moore entstanden, nährstoffarme Regenmoore. Sie haben einen hohen Naturschutzwert, sind ein Lebensraum, der zwischen Land und Wasser vermittelt. Aber sie sind gefährdet. Früher durch Torfabbau, heute durch Touristenströme. „Moore", belehrte mich ein Biologe, „sind ökologisch äußerst empfindliche Lebensräume, die von Touristen nicht betreten werden sollten."

Als ich zum erstenmal die Brockenkuppe erreichte, war ich enttäuscht: Ich hatte mir den Berg anders vorgestellt. Seine Kuppe war zerstört, zertreten, verbaut, aufgerissen. Ich hörte eine Frau schimpfen: „Ja früher ..."

Zugegeben, der Brocken ist ein Deutscher. Heine hat recht. An diesem Berg läßt sich manche Tugend und Untugend ablesen. Leben heißt Risiko. Hals- und Beinbruch! Wir leben gefährlich. Solange Risiken zu kalkulieren sind, solange sich die Schadenshöhe feststellen läßt, scheinen wir Risiken zuzulassen. Auf dem Brocken ist das nicht anders als in Bad Harzburg oder Ilsenburg. Der Brockenwirt meinte, man müsse vorbeugen, um den Schaden

Die höchste Station der Brockenbahn ist auf dem Gipfel. Rechts hinten im Bild ist das ehemalige Brockenhotel zu sehen. Aufnahme um 1902.

gering zu halten. Geschädigt wird auch der Bergfichtenwald. Nicht nur durch Schneebruch und Borkenkäfer, vor allem durch die Luftbelastung mit Stickoxiden.

Dabei fasziniert der Wald. Besonders in den Hochlagen des Nationalparks. „Je höher man den Berg hinaufsteigt, desto kürzer, zwerghafter werden die Tannen, sie scheinen immer mehr und mehr zusammenzuschrumpfen", schrieb Heine 1824, „bis nur Heidelbeer- und Rotbeersträuche und Bergkräuter übrigbleiben. Da wird es auch schon fühlbar kälter. Die wunderlichen Gruppen der Granitblöcke werden hier erst recht sichtbar."

Menschen suchen, halten Ausschau, sind erschüttert, betroffen, tummeln sich auf der Kuppe. Das soll der Brocken sein, ihr Sehnsuchtsberg? Zwischen Kollaps und dem wieder entdeckten aufrechten Gang drängen viele, um zu staunen. Sie möchten erleben, was Goethe, Eichendorff, Heine – und wie sie alle heißen – empfanden. Wer an Wochenenden die zahlreichen Schaulustigen sieht, verliert die Lust, sich diesem Berg zu nähern. Deshalb bin ich die nächsten Male wochentags zum Brocken gekommen. Morgens früh oder zum späten Nachmittag! Durch die Urwälder des Brocken zu gehen war für Goethe, Heine und die anderen mit kaum vorstellbaren Gefühlen verbunden. „Je näher man zum Brocken kommt", meint ein Biologe des Nationalparks Oberharz, „um so intensiver erlebt man Urwälder und Moore. Die Brockenkuppe ist baumfrei. Das Faszinierende für alle, die herkommen, ist die Weite, die man oben erleben kann."

Heine genoß hier das Schauspiel dieser Welt und widersetzte sich der Ergriffenheit. Was ich an ihm mag, ist seine ironisierende Brechung unseres Lebens. Immer bekennt er sich zum prüfenden Blick. Er stemmt sich gegen gängige Erlebnismuster. Das macht den blonden rheinischen Juden, klein von Gestalt, etwa 1,65 Meter groß, so auffällig.

Brockenwanderungen

Nein, das Brockenhaus – wie Heine es sah – steht nicht mehr. Noch zu erleben sind die Sonnenauf- und -untergänge. Noch wahrzunehmen ist der Rauhreif auf den Bergfichten. Noch gibt es die Nebelgeister, die Windlöcher, die Ministerbesuche. Noch liegen die Gerippe abgebrochener Bäume, zermürbt vom schneidenden Brockenwind. Moderluft läßt sich riechen, Frühlingsregen spüren. Noch sind die Felsbrocken zu sehen, durcheinandergewürfelt. Auch der Brockengarten gedeiht wieder.

Im Dezember 1777 brach Goethe von Torfhaus aus zum Brocken auf, den er später in sein literarisches Werk aufnahm. Er jagte seinen Faust auf dem Brocken durch den Hexensabbat. Dieses Porträt des großen deutschen Dichters wurde um 1787 von Angelika Kauffmann angefertigt.

Aus Spalten nicken Farne, und aus mit Moos gefüllten Ritzen wedeln Herbstblätter, übriggeblieben vom letzten Jahr. Auch das Teufelswaschbecken gibt es noch. Es kennt die Geheimnisse aller Mondnächte, hat auch Heine nicht vergessen, den kleinen Dichter mit dem großen Herzen, der das Drohende und Versteckte im Wesen dieses Berges erkannte: Fäulnis und Verwesung, Zuflucht und Hoffnung.

Meistens bietet der Brocken rauhe Witterungen. Doch – wie Heine – lernte ich auch seine Schönheiten kennen, die für Minuten und Stunden Harmonie ins Leben schleusen, wenn der aufgehende Mond oder die untergehende Sonne Kräfte verströmen. Wer sich darauf einläßt, spürt noch immer Zauber und Kraft des uralten Brocken, der heute noch Boden für allerlei Heilkraut bietet.

Werden und Vergehen lassen sich auf dem Berg begreifen. Junge Bäume schauen auf Totholz. Die Brockenanemone – um 1910 fast ausgerottet – gibt es noch. Auch das Brockenhabichtskraut, die Zwergstrauchheide, das seltene Wollgras und die Haarsimse sind zu sehen. Wer sich vom Brocken berühren läßt, fühlt sich der Lebensgeschichte dieses Berges verpflichtet.

Bei meinem fünften Besuch auf dem Brocken nieselte es wieder. Unten sah ich Ilsenburg und Wernigerode durchschimmern. Dann zog Nebel auf. Mit einem Studenten, der im Nationalpark sein Praktikum machte, sprach ich über Naturschutz. Er beklagte den Müll, der von Ausflüglern hergebracht wird.

Gute Nacht, Deutschland! Im Müll zeigt sich dein Gesicht. Müll schafft Ratlosigkeit. Manche hoffen, das Problem erledige sich von selbst. Weit gefehlt. Gegen die normale Nachlässigkeit, die vermutlich nicht mit Bösartigkeit gepaart ist, scheint kein Brockenkraut gewachsen zu sein.

Viele Textpassagen aus Heines „Harzreise" haben nichts von ihrer Aktualität eingebüßt. Auch diese nicht: „In der Wirtsstube fand ich lauter Leben und Bewegung. Studenten von verschiedenen Universi-

Dieser Stahlstich zeigt das Brockenhaus im Jahr 1840. Es wurde 1736 als erstes Gebäude auf dem Gipfel des höchsten Bergs des Harzes errichtet. Später entstanden noch weitere Häuser, die den Wanderern Unterkunft boten.

täten. Die einen sind kurz vorher angekommen und restaurieren sich, andere bereiten sich zum Abmarsch, schnüren ihre Ranzen, schreiben ihre Namen ins Gedächtnisbuch …

Da wird gesungen, gesprungen, gejohlt, man fragt, man antwortet, gut Wetter, Fußweg, Prosit, Adieu. Einige der Abgehenden sind auch etwas angesoffen und diese haben von der schönen Aussicht einen doppelten Genuß, da ein Betrunkener alles doppelt sieht."

Tausende möchten sehen und sich vergnügen, wollen den Zauber erfahren, „wodurch dort unten alles so wunderbar erscheint".

Vom Brocken sind Städte, Dörfer und Landschaften zu sehen. Auf der Kuppe Masten, Holzbauten, die Wetterwarte, der Brockenbahnhof, die Sendeanlage der Telekom, Zweckarchitektur. Wer möchte, schafft die wortlose Verständigung mit Vergangenheit und Zukunft mühelos. Je zerbrechlicher Erinnerungen werden, um so wichtiger sind Brockenblicke. Sie halten die Spur im Kopf. Noch liegen Betonplatten, auf denen DDR-Grenzfahrzeuge fuhren. Langsam holt sich die Natur zurück, was ihr gehörte. An diesem Abend sitze ich, wo einst sowjetische Soldaten gesessen haben, schaue nach Westen. Eine Geschichte verschwand, eine andere entwickelte sich.

Bei meinem vorletzten Besuch, im Dezember 1996, lag über Goslar, Osterode, Ilsenburg, Magdeburg, Halberstadt – wie das Wetteramt meldete – ein Tiefdruckgebiet. Als ich mit dem Brockenwirt auf die Kuppe des Berges fuhr, schien die Sonne. Ein hinreißender Anblick bot sich. Unter uns eine dichte Wolkendecke. Oben kaum Wind, nur eine dünne Schneedecke. Und alles eingetaucht in strahlenden Sonnenschein. Der Brockenwirt zeigte voller Stolz ein Bronzerelief, das Heine darstellt, angebracht auf einem Stein vor dem neuen Brockenmuseum.

Auch der bekannte deutsche Dichter Joseph von Eichendorff war auf dem Brocken. Der kolorierte Holzstich ist 1888 entstanden.

Brockenwanderungen

Ich kannte das Porträt aus Schierke, das zu Heines hundertstem Todestag 1956 bereits einmal auf dem Gipfel aufgestellt worden war. Es zeigt den jungen Heine nach der Zeichnung von Ludwig Emil Grimm aus dem Jahre 1826. Nachdem das Brockenmassiv von der DDR zum Sperrgebiet erklärt wurde, war das Heine-Relief nach Schierke gebracht worden. Es schmückte einige Zeit die Stirnseite des Heinrich-Heine-Hotels, zu DDR-Zeiten ein Erholungsheim.
Der Brockenwirt hatte im November 1996 gemeinsam mit Freunden und Sponsoren das Relief zurückgeschafft. Nun steht Heine, wo er hingehört. Der Harztourismus verdankt ihm viel.

Das Städtchen Ilsenburg schmiegt sich malerisch an den steil abfallenden Nordrand des Harzes.

Gute Nacht, Deutschland! Ich lebe hier, weil ich deine Jahreszeiten liebe, deine honiggelben Sonnenuntergänge, die gelegentlich der Brocken freigibt, vor allem aber die Schattenrisse deiner Berge, deiner Geschichte. Heine blickt heute vom Brocken auf Ilsenburg.

Befragt: Heinrich Heine

Am 19. September 1824 stiegen Sie auf den Brocken, um dort oben die Nacht zu verbringen. Am 20. folgte der Abstieg. Was, Herr Dr. Heine, blieb von diesem Berg in Ihrer Erinnerung haften?

In hohem Grade wunderbar erscheint uns alles beim ersten Hinabschauen vom Brocken, alle Seiten unseres Geistes empfangen neue Eindrücke, und diese, meistens verschiedenartig, sogar sich widersprechend, verbinden sich in unserer Seele zu einem großen, noch unentworrenen, unverstandenen Gefühl.

Ihnen gelang es, dieses Gefühl zu erfassen. Sie glaubten sogar, den Charakter des Berges erkannt zu haben?

Dieser Charakter, schrieb ich, ist ganz deutsch. Sowohl in Hinsicht seiner Fehler als auch seiner Vorzüge. Der Brocken ist ein Deutscher. Mit deutscher Gründlichkeit zeigt er uns klar und deutlich, wie ein Riesenpanorama, die vielen hundert Städte, Städtchen und Dörfer, die meistens nördlich liegen, und ringsum alle Berge, Wälder, Flüsse, Flächen, unendlich weit ...

Gewagt, gewagt, Herr Heine, wie so oft überreizen Sie Ihre Fantasie ...

Nein, nein, denn ich schrieb auch, daß wir deutschen Kompilatoren wegen der ehrlichen Genauigkeit, womit wir alles und alles hingeben wollen, nie daran denken können, das einzelne auf eine schöne Weise zu geben ...

Verehrter Herr Heine, Ihre Mixtur aus Poesie und Realität, aus Verstehenwollen und Fremdsein bereitet mir Schwierigkeiten, wenn Sie den Brocken beschreiben.

Der Berg hat auch so etwas Deutschruhiges, Verständiges, Tolerantes; eben weil er die Dinge so weit und klar überschauen kann. Und wenn solch ein Berg seine Riesenaugen öffnet, mag er wohl noch etwas mehr sehen als wir Zwerge, die wir mit unseren blöden Äuglein auf ihm herumklettern. (Heine lacht auf.)

Wir erlebten, Herr Heine, wie der Brocken seine Riesenaugen öffnete; wie Abhöranlagen installiert wurden, um Menschen auszuhorchen. Hätten Sie das für möglich gehalten?

Ich habe Zensur erlebt, deutsche Kleinstaaterei. Mußte mich fast alle hundert Kilometer ausweisen, Paßdokumente vorzeigen, lernte buchhalterische Maßnahmen kennen, habe als Jude die tägliche Gewalt erfahren, nicht nur in Göttingen. Ich bin kurz nach der Harzreise Christ geworden, weil ich gleichberechtigt leben wollte. Ja, ich habe alles für möglich gehalten, was ich auf dem Brocken andeutete. Im Guten wie im Bösen.

Blick auf den Brocken von Torfhaus. Heinrich Heine schilderte den Berg gefühlvoll. Er habe so etwas „Deutschruhiges".
Durch seinen Kahlkopf, den er zuweilen mit einer weißen Nebelkappe bedeckt, gibt er sich zwar einen Anstrich von Philiströsität; aber wie bei manchen andern großen Deutschen geschieht es aus purer Ironie. Es ist sogar notorisch, daß der Brocken seine burschikosen, phantastischen Zeiten hat, z.B. die erste Mainacht. Dann wirft er seine Nebelkappe jubelnd in die Lüfte und wird, ebensogut wie wir übrigen, recht echtdeutsch romantisch verrückt.

Die Sonne ging auf. Die Nebel flohen wie Gespenster beim dritten Hahnenschrei. Ich stieg wieder bergauf und bergab, und vor mir schwebte die schöne Sonne, immer neue Schönheiten beleuchtend ...
In den Höhenlagen des Harzes – wie hier am Brocken – dominiert die Fichte.

Der Kern des Brocken besteht aus Granit. Infolge des langen Verwitterungsprozesses haben sich runde Felsformen gebildet. Geologen bezeichnen die an den abgerundeten Kanten erkennbare Felsbildung als „Wollsackverwitterung".

Bald empfing mich eine Waldung himmelhoher Tannen, für die ich in jeder Hinsicht Respekt habe. Diesen Bäumen ist nämlich das Wachsen nicht so ganz leicht gemacht worden, und sie haben es sich in der Jugend sauer werden lassen. Der Berg ist hier mit vielen großen Granitblöcken übersät, und die meisten Bäume mußten mit ihren Wurzeln diese Steine umranken oder sprengen und mühsam den Boden suchen, woraus sie Nahrung schöpfen können.

Blick vom Brocken auf den 971 Meter hohen Wurmberg, der „Skiberg" des bekannten Wintersportortes Braunlage. Deutlich ist die Sprungschanze zu erkennen, unter der für gut 40 Jahre die deutsch-deutsche Grenze verlief.
Ja, in hohem Grade wunderbar erscheint uns alles beim ersten Hinabschauen vom Brocken, alle Seiten unseres Geistes empfangen neue Eindrücke, und diese, meistens verschiedenartig, sogar sich widersprechend, verbinden sich in unserer Seele zu einem großen, noch unentworrenen, unverstandenen Gefühl.

U nterhalb des kahlen Brockengipfels findet man noch einige wenige Hochmoore und dichtgewachsene Fichtenwälder, die von bizarren Felsformationen durchsetzt sind. *Hier und da liegen die Steine, gleichsam ein Tor bildend, übereinander, und oben darauf stehen die Bäume, die nackten Wurzeln über jene Steinpforte hinziehend und erst am Fuße derselben den Boden erfassend, so daß sie in der freien Luft zu wachsen scheinen.*

Von der Kuppe des Brocken schweift der Blick bei gutem Wetter weit ins Land. Der Reiz der Aussicht liegt in der immerwährenden Abwechslung von Formen und Farben.
Mit deutscher Gründlichkeit zeigt er uns, klar und deutlich, wie ein Riesenpanorama, die vielen hundert Städte, Städtchen und Dörfer, die meistens nördlich liegen, und ringsum alle Berge, Wälder, Flüsse, Flächen, unendlich weit.

Entlang der Ilse

Noch kennt Heine nicht den Schmerz über die geschändete Natur, als er – zusammen mit anderen Studenten, die er auf der Brockenkuppe getroffen hatte – nach Ilsenburg absteigt; noch sah er nicht die krebsartigen Wucherungen moderner Anspruchsgesellschaft, die heute am Fuße des Berges zu erkennen sind. Das Leben auf unterschiedlichen Ebenen war für ihn das prägende Erlebnis, als er durch das Tal der Ilse abstieg. Heute noch eine der schönsten Wanderstrecken.

Durch die „sogenannten Schneelöcher" zog Heine mit Studenten aus Halle hinab nach Ilsenburg. „Das ging über Hals und Kopf", schreibt er. „Hallesche Studenten marschieren schneller als die östreichische Landwehr. Ehe ich mich dessen versah, war die kahle Partie des Berges mit den darauf zerstreuten Steingruppen schon hinter uns, und wir kamen durch einen Tannenwald, wie ich ihn den Tag vorher gesehen."

Vorbei an Sumpfstellen führte der Abstieg, über quergelegte Baumstämme, „bei abschüssigen Tiefen, an denen rankende Wurzeln kletterten". In den Felsen entdeckte Heine Gestalten; im Wasserrauschen hörte er Stimmen, Klagen, Weinen; im Sonnenlicht glitzerten märchenhafte Fäden. Er formulierte Geschichten aus dem Bauch der Erde, als er die Ilse beschrieb, die erst nach und nach an die Oberfläche kommt.

Durch das romantisch anmutende Ilsetal ist Heine gewandert und hat sich von der Schönheit der Natur inspirieren lassen.

„Je tiefer wir hinabstiegen, desto lieblicher rauschte das unterirdische Gewässer, nur hier und da, unter Gestein und Gestrüpp, blinkte es hervor, und schien heimlich zu lauschen, ob es ans Licht treten dürfe, und endlich kam eine kleine Welle entschlossen hervorgesprungen." Heine beobachtete den zunächst unterirdisch verlaufenden Bach. „Eine Menge anderer Quellen hüpften jetzt hastig aus ihrem Versteck, verbanden sich mit der zuerst hervor-

Landhaus „Zu den Rothen Forellen". Nach seinem Abstieg vom Brocken speiste Heine in dem alten Gasthof. Heute steht hier eine schöne Hotelanlage (oben).
Wie die Tentakeln riesiger Kraken haben sich diese Baumwurzeln im Ilsetal um einen Felsbrocken gelegt (unten).
Das mögen wohl die Spielbälle sein, die sich die bösen Geister einander zuwerfen in der Walpurgisnacht ...

gesprungenen, und bald bildeten sie zusammen ein schon bedeutendes Bächlein, das in unzähligen Wasserfällen und in wunderlichen Windungen das Bergtal hinabrauscht. Das ist nun die Ilse, die liebliche, süße Ilse. Sie zieht sich durch das gesegnete Ilsetal, an dessen beiden Seiten sich die Berge allmählich höher erheben, und diese sind bis zu ihrem Fuße meistens mit Buchen, Eichen und gewöhnlichem Blattgesträuche bewachsen, nicht mehr mit Tannen und anderem Nadelholz."

Heine erlebte das Ilsetal nachhaltig. Unterwegs schaffte sich der feinnervige Poet einen eigenen Kosmos. Sein besonderes Verhältnis zu Märchen und Sagen wird deutlich. Die Wasser des Baches berühren ihn. Er horcht, staunt, fabuliert:

„Es ist unbeschreibbar, mit welcher Fröhlichkeit, Naivität und Anmut die Ilse sich hinunterstürzt über die abenteuerlich gebildeten Felsstücke, die sie in ihrem Lauf findet, so daß das Wasser hier wild emporzischt oder schäumend überläuft, dort aus allerlei Steinspalten, wie aus vollen Gießkannen, in reinen Bögen sich ergießt und unten wieder über die kleinen Steine hintrippelt, wie ein munteres Mädchen. Ja, die Sage ist wahr, die Ilse ist eine Prinzessin, die lachend und blühend den Berg hinabläuft."

Die Melodie der Landschaft hat Heine erfaßt. Sein Weg durch das Tal wird zum Harzmärchen. Die Melodie seiner Worte hallt für Wanderer nach, die sich auf den inzwischen ausgeschilderten Heinrich-Heine-

Entlang der Ilse

Weg begeben, auch wenn die Noten nicht mehr so recht zu entschlüsseln sind. Weder für die Mountainbiker, die sich den Berg hochquälen, noch für die Mädchengruppe, die an einer der aufgestellten Zitattafeln rastet. Einige kichern zu Heines Zeilen, die ein Mädchen aus einem Buch liest:

„Ich bin die Prinzessin Ilse
Und wohne im Ilsenstein;
Komm mit nach meinem Schlosse,
Wir wollen selig sein.

Dein Haupt will ich benetzen
Mit meiner klaren Well',
Du sollst deine Schmerzen vergessen,
Du sorgenkranker Gesell!

In meinen weißen Armen,
An meiner weißen Brust,
Da sollst du liegen und träumen,
Von alter Märchenlust.

Das Kloster zu Ilsenburg wurde auf dem Gelände der ehemaligen königlichen Jagdpfalz „Elysinaburg" zwischen 1003 und 1018 eingerichtet. 1862 wurde ein neues Schloß an der Nord- und Westseite der Klosteranlage gebaut. Nach dem Zweiten Weltkrieg nutzte man das Schloß und teilweise auch das Kloster als evangelisches Stift, später als Hotel.

Sie brechen ab, weil sich eine Gruppe junger männlicher Wanderer nähert. Erneutes Kichern, verstohlene Blicke. Wie schrieb doch Heine? „Unendlich selig ist das Gefühl, wenn die Erscheinungswelt mit unserer Gemütswelt zusammenrinnt und grüne Bäume, Gedanken, Vögelgesang, Wehmut, Himmelsbläue, Erinnerung und Kräuterduft sich in süßen Arabesken verschlingen."
Ein Tempotaschentuch zittert im Gras. Auch der Bergbach Ilse kennt den Brockentourismus.
„Wie im Traume fortwandelnd, hatte ich fast nicht bemerkt, daß wir die Tiefe des Ilsetals verlassen und wieder bergauf stiegen. Dies ging sehr steil und mühsam", bemerkte Heine, „und mancher von uns kam außer Atem ... Endlich gelangten wir auf den Ilsenstein."
Die Gruppe um Heine verhielt sich wie Wandergruppen heute. Geschwätzt wird, man reißt einen Witz, unterhält sich, macht einander auf Schönheiten des Bachverlaufs aufmerksam, erzählt von dem, was man weiß. Heute geht es auf gut markierten Pfaden und Wegen hoch zur Felsspitze. „Das ist ein ungeheurer Granitfelsen, der sich lang und keck aus der Tiefe erhebt. Von drei Seiten umschließen ihn die hohen waldbedeckten Berge, aber die vierte, die Nordseite, ist frei und hier schaut man das unten liegende Il-

Wer sich auf Heines Spuren begibt, muß den 474 Meter hohen Ilsestein erklimmen. Eine herrliche Aussicht belohnt den Wanderer. *Ich rate aber jedem, der auf der Spitze des Ilsensteins steht, weder an Kaiser und Reich, noch an die schöne Ilse, sondern bloß an seine Füße zu denken.*

senburg und die Ilse weit hinab ins niedere Land. Auf der turmartigen Spitze des Felsens", weiß Heine, „steht ein großes eisernes Kreuz, und zur Not ist da noch Platz für vier Menschenfüße."

Auf dem Weg dahin ergeben sich faszinierende Blicke auf den Brocken. Der Pfad, der zur Felsspitze führt, ist recht steinig, doch gut begehbar. Ilsenburg, am Fuße des Brocken, zählt zu den beliebten Ferienorten des Nordharzes. Fachwerkbauten erinnern an die lange Geschichte dieser Stadt. Mit der Klosterkirche aus dem 11. Jahrhundert bildet Ilsenburg den Ausgangspunkt zur „Straße der Romanik".

„Ich rate aber jedem, der auf der Spitze des Ilsensteins steht, weder an Kaiser und Reich noch an die schöne Ilse, sondern bloß an seine Füße zu denken", witzelt Heine. Später objektiviert er seine Harzeindrücke: „Ich kann nicht umhin, hier ebenfalls anzudeuten: daß der Oberharz, jener Teil des Harzes, den ich bis zum Anfang des Ilsetals beschrieben habe, bei weitem keinen so erfreulichen Anblick wie der romantisch malerische Unterharz gewährt und in seiner wildschroffen, tannendüstern Schönheit gar sehr mit demselben kontrastiert; so wie ebenfalls die drei von der Ilse, von der Bode und von der Selke gebildeten Täler des Unterharzes gar anmutig untereinander kontrastieren ... Es sind drei Frauengestalten, wovon man nicht so leicht zu unterscheiden vermag, welche die schönste sei."

Heine hat recht. Es gibt überall im Harz zauberhafte, die Sinne berührende Plätze und Landschaften. Manche entfalten „heitere Ruhe", andere „schmelzende Laute der Wehmut". Wieder andere bestechen durch „edle Einfalt" und „stillen Liebreiz". Und es sind nicht nur jene, die im Bannkreis des Brocken liegen.

„Ein schönes patriotisches Lied singend, zogen wir durch das heitere Ilsenburg und kehrten ein in der roten Forelle. Bei diesem guten Wirtshaus, das für Rechnung des Grafen von Wernigerode administriert wird, ist ein herrlicher Garten, wo ich liebliche Mädchengesichter und schöne Blumen sah und mit einigen Hallensern zu Mittag aß und wirklich gute Suppe und Wein genoß ..."

Der heutige Besitzer der ehemaligen Fürstenschänke, ein heimatverbundener Unternehmer aus Goslar, hat Hotel und Restaurant zu einem kuli-

Entlang der Ilse

narischen Landhaus gemacht. Er wollte sich einen Jugendtraum erfüllen. Oft erlebt man an diesem Ort Dichterlesungen und Themenabende. Familie Prause weiß, was ihren Gästen im Landhaus „Zu den Rothen Forellen" bekommt und was die Stadt Ilsenburg erwartet: Heine was here.

Immer wieder schaute Heine den Frauen nach. Ein Casanova war er nicht. Meistens unglücklich verliebt. Im Gasthof wird er seine Notizen erweitert haben. Der Wein zeigte Wirkung. Frauen waren Musik für ihn. Das Murmeln der Quellen hatte ihn entzückt. Ein orgiastisches Gefühl entstand. Dem Wissenden bleibt alles verbunden. Er wirft einen letzten Blick auf den Wald, der dem Wanderer seine schönsten Farben anbietet.

Schloß Wernigerode sieht aus wie eine verwunschene Märchenburg. Die Türme und Zinnen entstanden jedoch erst im Rahmen einer historischen Umgestaltung Mitte bis Ende des 19. Jahrhunderts. Heine sah das Schloß also noch in einem ursprünglicheren Zustand.
Das dortige Schloß, ein großes grauweißes Viereck mit einem Anhang von vielen kleinen Gebäuden ...

Heine hatte sich vorgenommen, Weimar anzusteuern, um Goethe zu sehen.
„Mit meinen Landsleuten wanderte ich weiter nach Wernigerode", schrieb Heine, als er Ilsenburg verläßt. „Das dortige Schloß, ein großes grauweißes Viereck mit einem Anhang von vielen kleinen Gebäuden", erschien ihm „geschmackvoll und regelmäßig", aber auch wohnlich und gemütlich. Noch heute ist es so. Heine beschreibt das „Harznestchen" mit seinen Bürgern, die ihre Häuser festlich geschmückt hatten, weil die „langerwarteten gnädigen Herrn Grafen nach dem Schlosse zurückgekommen" waren. Er bleibt eine Nacht, läuft weiter über Halle, Jena nach Weimar.

Blick von der Roßtrappe über das Bodetal. Mit ihrer wildromantischen Umgebung lockt sie viele Besucher an. Der Legende nach wurde das Tal nach dem Ritter Bodo benannt, der die Königstochter Emma heiraten sollte. Diese wollte ihn aber nicht und floh mit ihrem Pferd. Beim Sprung über die Felsen hinterließ das Pferd einen Hufabdruck, die Roßtrappe. Bodo, der Emma folgte, stürzte in die Schlucht.

Befragt: Heinrich Heine
Zusammentreffen mit Goethe

Sie sind noch zwei Wochen gewandert, kamen am 1. Oktober 1824 nach Weimar. Wie war das Wetter?

Sonnig und warm. Ich sah die grauen Mauern des Schlosses, sah neue Häuser, sah Frauen mit ihren langen Röcken. Wagen rollten über Kopfsteinpflaster. Ich hörte thüringische Laute. Alles wirkte alltäglich, und doch klopfte mein Herz.

Nur weil Sie eine Audienz bei Goethe hatten?

Man kann sich vermutlich nicht mehr vorstellen, was Weimar, wo zehntausend Dichter und einige Bürger lebten, für junge Autoren bedeutete. Weimar, das war nicht nur Goethe, sondern auch Schiller, Wieland, Herder. Jeder Student kannte die eigenwilligste Stadt des deutschen Geistes. Weimar galt als Hauptstadt der Poesie.

Erinnern Sie sich noch an Goethes Gestalt, Herr Dr. Heine?

Aber ja, ich hatte ihn schriftlich gebeten, mir einige Minuten zu gewähren. Ich schrieb ihm, daß mich auf dem Brocken das Verlangen gepackt hätte, zu seiner Verehrung nach Weimar zu pilgern. Ein Diener brachte am 2. Oktober 1824 Goethes Zeilen: „Ihre Exzellenz hat die Ehre, Euer Wohlgeboren heute vor Abend zu erwarten ...". Mein Herz dröhnte, als ich ihm gegenüberstand. Er trug einen dunkelblauen langschößigen Rock, weiße Seidenstrümpfe und silberne Schnallen an den Knien. Seine Beine waren gut gewachsen, seine Hände greisenhaft blaß, das Gesicht gelb, der Mund zahnlos. Doch seine Augen waren klar und glänzend.

Sie schrieben ein halbes Jahr nach Ihrem Besuch, seine Augen seien die „einzige Merkwürdigkeit", die Weimar besitze.

Ich war irritiert, nein verletzt. Zu Goethe fand ich bei meinem Besuch leider nicht die richtigen Worte. Wie oft hatte ich von dieser Begegnung geträumt. Doch sein durchdringender, gleichgültiger Blick wischte meine Erwartungen beiseite. Ich stammelte, sagte Worte, die ich nicht sagen wollte. Mit seiner Verdrießlichkeit nahm er mir den Schwung.

Es muß ein kurzes Gespräch gewesen sein?

Leider ja. Als er mich fragte, was ich schriebe, ritt mich der Teufel. An einem Drama über Faust, stotterte ich und fühlte den Hauch seiner Verachtung. Spöttisch fragte Goethe: Haben Sie weiter keine Geschäfte in Weimar, Herr Heine? Ich wußte, daß er mich abgehakt hatte. Habe die Ehre, Ihnen eine glückliche Reise zu wünschen ...

Diese wenigen Minuten haben Ihr Verhältnis zu Goethe verändert, nicht wahr?

Zugegeben, seitdem habe ich mit ihm gekämpft, gerungen. Ich habe mich geschämt, weil ich in Weimar nicht den richtigen Ton getroffen hatte.

Was haben Sie später über Ihren Besuch bei Goethe gesagt?

Daß ich nicht mit dem Dichter, sondern mit einem hinfälligen, hochmütigen Würdenträger gesprochen habe.

Wissen Sie, was Goethe unter dem 2. Oktober 1824 in sein Tagebuch schrieb?

Ja, „Heine aus Göttingen".

Endlich gelangten wir", schrieb Heine, „auf den Ilsenstein." Wer durch das malerische Tal der Ilse wandert, sollte – trotz des steilen Aufstiegs – diesen Felsen besteigen. *Das ist ein ungeheurer Granitfelsen, der sich lang und keck aus der Tiefe erhebt. Von drei Seiten umschließen ihn die hohen, waldbedeckten Berge, aber die vierte, die Nordseite, ist frei …*

Zu den schönsten Tälern des Harzes gehört das Tal der Ilse, das von Heine besungen wurde. Nach dem Abstieg vom Brocken führte ihn seine Route an der Ilse entlang. Dieser Weg trägt heute den Namen des Dichters.
Sie zieht sich durch das gesegnete Ilsetal, an dessen beiden Seiten sich die Berge allmählich höher erheben, und diese sind bis zu ihrem Fuße meistens mit Buchen, Eichen und gewöhnlichem Blattgesträuche bewachsen, nicht mehr mit Tannen und anderm Nadelholz.

Das Rathaus von Wernigerode gilt als Meisterwerk mittelalterlicher Fachwerkbaukunst. Graf Heinrich ließ es um 1420 als „Spielhaus auf dem Weinkeller" errichten. 1427 wurde es der Stadt geschenkt. Mit seinen Türmchen, den Erkern und dem bemalten Fachwerk wirkt es verspielt. Hinter dem Rathaus befindet sich der älteste Teil der wunderschön erhaltenen mittelalterlichen Altstadt. Wernigerode erhielt im 13. Jahrhundert das Stadtrecht.

Abschied vom Harz und von Heine

Wie kaum ein Wanderer besaß Heinrich Heine die Fähigkeit, auf verstörende Erfahrungen zu reagieren: oft ironisch, oft respektlos. Was hätte er zu den Narben gesagt, die Menschen dem Brocken zugefügt haben? Was zum schlecht verheilten Gewebe auf dem Berg? Was zu den Leinenlaufhunden an der ehemaligen innerdeutschen Grenze? Deutschland – eine Wortmaschine, ein Wintermärchen!
Er erlebte die Erfahrung des Gespaltenseins auf dieser Harzreise. Ein knappes Jahr später wurde aus Harry Heinrich, aus dem Juden ein Christ. Prägungen waren ihm gegenwärtig. Er wußte, wo die Ordnung sich im Chaos verlieren kann. Heine war ein Deutscher, der an Deutschland litt. Er wußte noch nicht genau, ob er das, was er genau wußte, überhaupt glauben sollte. Auch deshalb durchzog er den Harz. Nicht nervös und unruhig, sondern langsam und geduldig. Wir Autofahrer tun uns schwer damit. Heimatgefühle wollen sich kaum einstellen. Schnell weiter, von Fototermin zu Fototermin.
Die deutsche Mittelgebirgslandschaft Harz ist eindrucksvoll für Menschen, die sich eine dünne Haut bewahrt haben; die Sinn behielten für Ränder, Zwischenräume und Mitte; für das Doppelspiel zwischen Auge und Seele, wie Heine es meisterhaft beherrschte.

Im Wettlauf mit Zeit, Verfall, Abriß oder Erneuerung kam auch in den Harzorten eine Archäologie des Sichtbaren in Gang. Vergangenheit vermischte sich mit Kommerziellem. Fachwerkhäuser mit Beton und Glasbauten. Glaswände scheinen den Wunsch nach fortwährender Jugend anzudeuten. Keine Vogelnester kleben an ihnen. Die alten Hausfassaden der Harzstädte, die Wind, Wetter und Abgasen ausgesetzt sind, haben es nicht leicht.
Kathedralen werden heute kaum noch gebaut. Wer sollte die Heizungskosten tragen? Jeder vernünftige Mensch denkt an die Folgelasten. In manches alte Gasthaus von Goslar, Osterode, Braunlage, Wernigerode u. a. sind italienische, chinesische, türkische und indische Nachfolger eingezogen, um Speisen ihrer Länder anzubieten. Dem Himmel sei Dank!
Als Deutscher im Harz bewegt man sich, ob man will oder nicht, auf vorgegebenen, vorgezeichneten Spuren. Wer mit Heine geht, wird auf seine Weise der Enge entkommen. Wer auf Heines Anmerkungen fußt, gerät in neue Fragen. Das aber hätte Heine gefallen. Was sagte er noch von den Bergleuten der Grube Dorothea, denen er mit ihren Grubenlichtern begegnete: „Wie eine befreundet ruhige, und doch zugleich quälend rätselhafte Erinnerung trafen mich ihre Blicke."

Immer wieder kann man die Felsformationen aus Granit in der Umgebung des Brocken bestaunen, wie hier unterhalb des Ilsesteins.

Der Gesellschafter
oder Blätter für Geist und Herz

1826.   Freitag den 20. Januar.   **11tes Blatt.**

Harzreise; von H. Heine.
(Geschrieben im Herbst 1824.)

I.

Schwarze Röcke, seid'ne Strümpfe,
Weiße höfliche Manschetten,
Sanfte Reden, Embrassiren —
Ach, wenn sie nur Herzen hätten!

Herzen in der Brust, und Liebe,
Warme Liebe in dem Herzen —
Ach, mich tödtet ihr Gesinge
Von erlog'nen Liebesschmerzen!

Auf die Berge will ich steigen,
Wo die frommen Hütten stehen,
Wo die Brust sich frei erschließet,
Und die freien Lüfte wehen.

Auf die Berge will ich steigen,
Wo die dunkeln Tannen ragen,
Bäche rauschen, Vögel singen,
Und die stolzen Wolken jagen.

Lebet wohl, ihr glatten Säle,
Glatte Herren! glatte Frauen!
Auf die Berge will ich steigen,
Lachend auf Euch niederschauen.

Morgens sechs Uhr verließ ich Osterode. Diese Stadt hat mehrere Häuser, verschiedene Einwohner, worunter auch mehrere Seelen, wie in Gottschalk's „Taschenbuch für Harzreisende" genauer nach zu lesen ist. Ehe ich die Landstraße einschlug, bestieg ich die Trümmer der uralten Osteroder Burg. Sie bestehen nur noch aus der Hälfte eines großen, dickmaurigen, wie von Krebsschäden angefressenen Thurms. Der Weg nach Clausthal führte mich wieder bergauf, und von einer der ersten Höhen schaute ich nochmals hinab in das Thal, wo Osterode mit seinen rothen Dächern aus den grünen Tannenwäldern hervor guckt, wie eine Moosrose. Die Sonne gab eine gar liebe, kindliche Beleuchtung. Von der erhaltenen Thurmhälfte erblickt man hier die imponirende Rückseite. Wie doch solch grau verwittert Stück Ruine einen eigenen Zauber ausgießt über eine ganze Landschaft, und sie unendlich mehr verschönert, als all die neuen, blanken Gebäude mit ihrer jugendlichen Herrlichkeit! Auch länger als diese pflegt sich solche Ruine zu erhalten, trotz ihres morsch verfallenden Ansehns. Wie den Burgen geht's auch den alten Geschlechtern selbst.

Nachdem ich eine Strecke gegangen, traf ich zusammen mit einem reisenden Handwerksburschen, der von Braunschweig kam, und mir als ein dortiges Gerücht erzählte: der junge Herzog sey auf dem Wege nach dem gelobten Lande von den Türken gefangen worden, und könne nur gegen ein großes Lösegeld frei kommen. Die große Reise des Herzogs mag diese Sage veranlaßt haben. Das Volk hat noch immer den traditionell fabelhaften Ideengang, der sich so lieblich ausspricht in seinem „Herzog Ernst". Der Erzähler jener Neuigkeit war ein Schneidergesell, ein niedlicher, kleiner junger Mensch, so dünn, daß die Sterne durchschimmern konnten, wie durch Ossian's Nebelgeister, und im Ganzen eine volksthümlich barocke Mischung von Laune und Wehmuth. Dieses äußerte sich besonders in der drollig rührenden Weise, womit er das

In der Zeitung „Der Gesellschafter" wurde Heines „Harzreise" am 20. Januar 1826 erstmalig abgedruckt (links).
Diese Porträt-Lithographie zeigt Heinrich Heine mit etwa 30 Jahren. Seine „Harzreise" war als Publikation ein Erfolg geworden. Heine wurde bewundert, aber auch kritisiert (oben).

Blick vom Ilsestein über die ausgedehnten frühherbstlichen Laub- und Fichtenwälder Richtung Brocken. Wer den mit einer Höhe von 1142 Metern höchsten Gipfel Norddeutschlands einmal bestiegen hat, wird verzaubert sein. *Unendlich selig ist das Gefühl, wenn die Erscheinungswelt mit unserer Gemütswelt zusammenrinnt und grüne Bäume, Gedanken, Vogelgesang, Wehmut, Himmelsbläue, Erinnerung und Kräuterduft sich in süßen Arabesken verschlingen.*

Rund um den Brocken: Kleines ABC

Altenau: In fünf Tälern liegt der heilklimatische Kurort. Altenau ist die jüngste der sieben Oberharzer Bergstädte. Ab 1584 wurde hier nach Eisen und Silber geschürft. 1911 mußte die Hütte schließen. Altenau entwickelte sich durch seine schöne Lage an der Oker und durch eine vielfältige Umgebung mit Hochmooren und Bergen zu einem Erholungsort. Sehenswert die Nikolaikirche, ein verbretterter Fachwerkbau. Zum Ortsteil von Altenau gehört Torfhaus. Von hier hat der Besucher einen guten Blick auf den Brocken.

Andersen, Hans Christian: Im Sommer 1831 schrieb der bekannte dänische Dichter über den Harzer Brocken: „Hier bekam ich einen Begriff von einem nordischen Hünengrabe so recht im Großen. Der Brocken ist ein solches. Stein liegt auf Stein gehäuft und über dem Ganzen ruht eine wunderbare Stille. Kein Vogel zwitschert in dem niedrigen Fichtengestrüpp; rund umher wachsen weiße Grabesblumen in dem hohen Moose und überall liegen Steine massenweise zerstreut. Nun waren wir oben, aber alles war vom Nebel umhüllt. Wir standen in einer Wolke ..."

Der dänische Dichter Hans Christian Andersen war vom Brocken beeindruckt. Die Porträt-Lithographie zeigt ihn in jungen Jahren.

Bad Harzburg: Zum Schutz der Kaiserpfalz in Goslar wurde im 11. Jahrhundert die Burg über der Stadt erbaut. Doch schon wenige Jahre später wurde sie zerstört. Spätere Eigentümer versuchten sie wieder aufzubauen. 1651 ließ Herzog August der Jüngere von Braunschweig die Burg ganz abbrechen. Zu sehen sind noch Gräben, Teile der Grund- und Ringmauer sowie des Bergfrieds. Im 16. Jahrhundert wurde am Fuß des Burgbergs eine Salzquelle entdeckt. Zunächst entstand eine Saline, im 19. Jahrhundert wurde sie in einen Badebetrieb umgewandelt. Seitdem entwickelte sich der Harzort zu einem der beliebtesten Heilbäder Deutschlands. Sehenswert sind die Hotelbauten der Gründerzeit.

Bergwerke: Silber, Blei, Kupfer und Zink wurden lange Zeit in Harzer Bergwerken gefördert. Durch die Erzvorkommen, die heute weitgehend erschöpft sind, war der Harz eine der wichtigsten Industrielandschaften in Deutschland. Heute hat der Tourismus den Bergbau als Wirtschaftszweig abgelöst. Einige Stollen und Gebäude wurden Museen und Lehrpfade. Verlassene Bergwerke, alte Fördertürme und Abraumhalden erinnern an die Industriegeschichte des Harzes.

Braunlage: Im Jahre 1227 wurde der Name „Brunla" zum ersten Mal urkundlich erwähnt. Bis zum 17. Jahrhundert wandelte er sich von Brunenloh – Braunlohe – Braunlahe – Braunlah in das heutige Braunlage. Sprachlich gedeutet heißt das Brauner Wald. Ab 1882 entwickelte sich ein Kurort; 1934 wurde Braunlage zur Stadt. Heute ein attraktiver touristischer Ort mit umfangreichem Sportangebot und Hotels. Ausgangspunkt für Wanderungen in die Harzer Bergwelt. Braunlage zählt zu den ältesten und bedeutendsten Wintersportplätzen in Deutschland.

Brocken: Sein Name taucht erst im 15. Jahrhundert auf. Früher nannte man ihn den „mons bructerus", den Berg der Brukterer. Auch als „mons ruptus", als zerbrochener Berg, als Berg mit den vielen Brocken (Steinblöcken) wurde er bekannt. Wahrscheinlicher ist die Deutung als Bruchberg (niederdeutsch brook) oder abgeleitet vom nordischen brok, was soviel wie umwölkt, benebelt heißt.

Im Winter eignen sich der Brocken und seine Umgebung hervorragend zum Skilanglauf.

Chamisso, Adelbert von: 1824 hatte Chamisso den Brocken erstiegen. Eine Reise zur Erholung. Da der Dichter seit 1819 Kustos des Botanischen Gartens in Berlin war, wird er sich auch für die Pflanzenwelt des Berges interessiert haben. Ein Gedicht, auf dem Brocken am 7. August 1824 geschrieben, beginnt: „Man schaut von dieser Berge Höh ringsum in alle Lande ..."

Im selben Jahr wie Heine ließ sich auch der Dichter Adelbert von Chamisso von der Welt des Brocken inspirieren.

Clausthal-Zellerfeld: 1924 wurden die beiden Orte Clausthal und Zellerfeld zusammengelegt. Die Geschichte Clausthals reicht bis ins 10. Jahrhundert zurück. Hier soll die Klause einer Einsiedelei gestanden haben. Zellerfelds Geschichte beginnt mit der Gründung eines Benediktinerklosters im Jahre 1150. Später wurden beide Orte von der Entwicklung des Bergbaus geprägt. 1775 wurde eine Bergakademie gegründet, die heute zur Technischen Universität gehört. Der Bergbau wurde 1930 endgültig eingestellt. Als wichtigste Sehenswürdigkeit gilt die größte Holzkirche Mitteleuropas, die Marktkirche Zum Heiligen Geist.

Degen, Christoph: Der Förster vom Torfhaus, Christoph Degen, führte im Dezember 1777 den Brockenfreund Goethe – bestärkt durch ein Trinkgeld von einem Louisdor, ein goldenes Fünftalerstück – auf den Gipfel des Berges. „Früh nach dem Torfhause in tiefem Schnee", trüg Goethe in sein Tagebuch ein.

Elend: In diesem kleinen Ort, der von der Harzquerbahn durchfahren wird, steht die kleinste Holzkirche des Harzes. Sie entstand 1897 und besitzt eine Ladegast-Orgel.

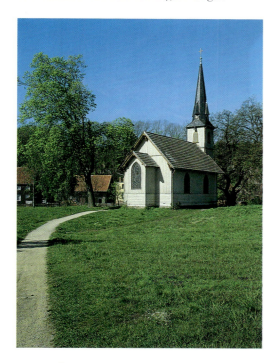

In dem Örtchen Elend - nicht weit von Schierke - steht die kleinste Holzkirche des Harzes.

Faust: Die Nachtfahrten unheimlicher Gestalten zum Brocken fanden bereits in der Literatur des 13. Jahrhunderts ihren Niederschlag. Ende des 16. Jahrhunderts erschien das Buch „Des Doctoris Johannis Fausti Historia" auf der Frankfurter Messe. Das Leben des Dr. Faust kulminierte im Pakt mit dem Teufel. Goethe setzte ihm ein hinreißendes literarisches Denkmal. Die Walpurgisnacht auf dem Blocksberg faszinierte die Fantasie der Menschen seit altersher.

Feuerstein: Die rötliche Farbe des Granits hat den „Feuersteinklippen" bei Schierke ihren Namen gegeben. Nach diesen Klippen wurde ein berühmter Kräuterlikör benannt, der „Schierker Feuerstein". Das Stammhaus der Firma befindet sich in Schierke, ein mit Ornamenten und goldener Schrift verziertes Fachwerkhaus. 1910 hatte Willy Drube die Konzession für eine Apotheke erhalten, die er „Zum Roten Finger" nannte. 1924 erwarb er ein Patent und begann mit der Produktion des wohlschmeckenden Halbbitters.

Den Feuersteinklippen bei Schierke verdankt ein berühmter Kräuterlikör seinen Namen.

Gernrode: Wer vom Brocken nach Nordosten schaut, ins Mansfelder Bergland, kann Quedlinburg erahnen. Nur wenige Autominuten entfernt liegt die kleine Stadt Gernrode, deren wichtigstes Bauwerk die Stiftskirche St. Cyriakus aus dem 10. Jahrhundert ist. Ein Besuch lohnt sich. Sie gilt als bedeutendstes Zeugnis ottonischer Architektur. Zusammen mit einem Kloster hatte Markgraf Gero sie errichten lassen. Vom Kloster blieb nur der Kreuzgang. Besichtigenswert ist auch die Kapelle zum Heiligen Grab mit dem Grab Geros.

Ein bedeutendes Zeugnis der ottonischen Architektur aus dem 10. Jahrhundert ist die Stiftskirche von Gernrode. Sie ist relativ gut erhalten.

Goethemoor: Es liegt an der Südwestseite des Brockenmassivs, ziemlich genau auf der Höhe 1000 Meter über NN. Wer auf dem Goetheweg zum Brocken aufsteigt, erreicht es auf dem Sattel zwischen dem Brocken und dem Königsberg. Eine Aussichtsplattform gestattet einen guten Überblick. 20 ha groß ist das Moor. Zwar ist es nicht das größte der Harzmoore, sicher aber mit 8000 bis 8500 Jahren eines der ältesten.

Goetheweg: Von Torfhaus führt ein Weg zum Brocken, den Goethe beschritt. Er wurde vom Harzclub mit dem G aus Goethes Namenszug gekennzeichnet. Der Goetheweg führt am Abbegraben entlang, am Eckersprung und den Klippen „Hirschhörner" vorbei zur Brockenkuppe. In knapp zwei Stunden – vom Parkplatz Oderbrück bei Torfhaus – ist dieser Weg zu bewältigen.

Granitgestein: Eigenartiger Zauber verknüpft sich mit dem Namen „Brocken", der höchsten Kuppe Norddeutschlands, einem Granitmassiv. Vor vielen Millionen Jahren schob sich die Gesteinsmasse aus dem Erdinneren, verglühte, erkaltete. Grün überwucherte die Gesteinsdecke. Berge verwitterten, Täler entstanden. Mehrfach umflutete das Meer die Flanken des Harzes. Der Brocken als Insel überragte die Gletschermassen der Eiszeiten. Heute prägt Granitgestein das Bild des Brocken, zeigt die urwüchsige Schönheit der Harzer Bergwelt. Blöcke türmen sich zu Klippen auf. Wer sich Fantasie und Erinnerung bewahrt hat, erkennt Gestalten, Figuren, gedrungene Kraft, aber auch Anmut in den Felsen.

Haartz: Harz gleich Haartz. Im Althochdeutschen wird „hart" im allgemeinen als Wald bezeichnet, aber auch als „harter Boden". Etwa seit dem 8. Jahrhundert verbreitete sich der Begriff von der Höhe, die Harz genannt wird. Von der Oker im Westen bis an die Wipper im Osten reicht der Höhenzug, der in den nachfolgenden Jahrhunderten Harz heißt.

Halberstadt: Von der Brockenkuppe erkennt man bei gutem Wetter auch Halberstadt, das im nördlichen Harzvorland liegt. Auch diese Stadt lohnt einen Besuch. Bereits 989 verlieh der junge König Otto III. dem Bischof von Halberstadt das Münz-, Markt- und Zollrecht. Historische Baudenkmale machen die Stadt sehenswert. Doch auch viele Museen. Darunter das Vogelkundemuseum „Heineanum" mit einer einzigartigen Vogelsammlung aus aller Welt. Wahrzeichen von Halberstadt ist die Stadtkirche St. Martini mit ihren ungleichen Türmen.

Dieses Foto vom Holzmarkt in Halberstadt entstand um 1900. Rechts im Hintergrund ist die Martinikirche zu sehen.

Rund um den Brocken: Kleines ABC

Das Rathaus in Harzgerode wurde 1900 neu gebaut. Der schöne Vorgängerbau von 1639 diente als Vorbild.

Harzgerode: Im 16. Jahrhundert Mittelpunkt des Unterharzer Bergbaus. Zum Ort gehören die Ortsteile Alexisbad, Mägdesprung und Silberhütte. Seit 1910, als das letzte Bergwerk geschlossen wurde, entwickelte sich Harzgerode zum Urlaubsort. Sehenswert der Marktplatz mit dem Rathaus, die Marienkirche (1699) und die Innenstadt mit ihren Fachwerkbauten. Ein Besuch der Burg Falkenstein, nordöstlich von Alexisbad, die auf einem Felsrücken über dem Selketal liegt, sollte eingeplant werden. Sie bietet eine reiche Möbel- und Waffensammlung.

Ilsenburg: Ein kleiner Erholungsort, dessen Altstadt an die Geschichte erinnert. Sie ist über eintausend Jahre alt. Damals entstand in Ilsenburg eine Jagdpfalz, Elysinaburg, die 1003 durch ein Benediktinerkloster ersetzt wurde. Sie galt als eine der bedeutendsten Klosteranlagen des Harzes. Das Kloster besaß beträchtlichen Grundbesitz, vor allem aber Einfluß auf das geistige Leben des Harzraums, der mit der Reformation erlosch. Im 16. Jahrhundert übernahm Christoph zu Stolberg Wernigerode das aufgelöste Kloster. Es wurde gräflicher Wohnsitz und Schloß. Sehenswert sind Klosterkirche und Klostergebäude. Eisengewinnung und Eisenverhüttung wurden für die Stadt ein wesentlicher Wirtschaftsfaktor. Bekannt wurde Ilsenburg durch kunstvoll produzierte eiserne Ofen- und Kaminplatten. Sehenswert ist auch im Nachbarort Drübeck das ehemalige Benediktinerinnenkloster, das 877 gegründet wurde.

Ilsestein: Maler und Dichter zogen durch das romantische Ilsetal und ließen sich inspirieren. Besonders Heinrich Heine. Für Kenner ist der Aufstieg zum Brocken durch das Ilsetal ein Gewinn. Von Ilsenburg, das 1995 tausendjährige Stadtgeschichte feierte, bis zur Brockenkuppe geht man rund drei Stunden. Vorbei am Ilsestein, dem Heine ein literarisches Denkmal setzte. Kurz hinter Ilsenburg zweigt der Weg links ab zum Ilsestein (473 m hoch). Auf dieser Granitklippe befand sich einst eine Burg, deren Geschichte überliefert wurde. 1003 wurde sie erbaut, 1107 aber schon wieder zerstört. Um den Ilsestein ranken sich viele Sagen. Auch H. C. Andersen (1831) beschreibt eine davon: In diesem mächtigen Gebirge lebte die Prinzessin Ilse, die bei den ersten Strahlen der Morgensonne hervorstieg, um im klaren Fluß zu baden. Nur wenige konnten sie sehen, denn sie fürchtete den menschlichen Blick. Als sie mit ihrem Geliebten auf der Flucht vor der Sintflut war und hoffte, auf dem Brocken überleben zu können, stürzte sie hier in die Fluten. Manche meinen, sie wohne noch heute im Felsen.

Königspfalzen: Die politische und geografische Bedeutung des Harzes nahm im 10. und 11. Jahrhundert zu. Er wird zu einem Mittelpunkt deutscher und europäischer Politik, die mit Karl dem Großen begonnen hatte. Sächsisches und fränkisches Recht begegneten sich. Der Harz gehörte zu den drei unter Königsbann stehenden Forstgebieten. Königspfalzen entstanden. Sie ersetzten die damals üblichen ambulanten Residenzen deutscher Könige. Bausubstanz und Archive zeugen davon. Der Harz wurde wichtiger Ort reichspolitischer Tätigkeit. Hier wurden Regierungsangelegenheiten entschieden und Reichsversammlungen abgehalten. Königliche Züge und Gefolgschaften durchreisten die Region. Sogar Papst Viktor II. sah den Harz. Überall finden sich Königsnamen, dokumentieren Urkunden, Klosterruinen und Anlagen die königliche Besitznahme des Harzes.

Löns, Hermann: 1907 – während eines Sommeraufenthalts in Wernigerode – zog der Heimatbarde 16 Mal auf den Brocken. Löns war als Journalist beim „Hannoverschen Tageblatt" angestellt. Nach seinen Brockenbesuchen entstanden Beiträge wie „Brockenfrühling", „Brockengeheimnisse", „Auf der Brockenbahn". Sein besonderes Interesse galt der Tierwelt. Er suchte nach der seltenen Vogelart des Bergpiepers, die er allerdings nicht fand.

Müll auf dem Brocken: Nach der Wende wurde der Müll auf dem Brocken zum Problem Nummer 1. Die Vielzahl der Tagesbesucher hinterläßt Zivilisationsmüll wie Bierdosen, Papier und anderen Wohlstandsabfall. Für Brockenwirt und Naturschützer ist das ein kostspieliges Problem. Entsorgung wurde teuer.

Nationalpark Hochharz: Die Naturschutzbemühungen um den Hochharz sind alt. Mehr Schutz dem Brocken, forderte bereits Hermann Löns. Im Jahre 1912 wurde in Bad Harzburg für einen „Heimatpark Brocken" plädiert. Zwei Weltkriege vereitelten die Pläne. Frühzeitig bemühte sich die Universität Göttingen um den Schutz der Brockenflora. 1890 war von Professor Peter der Brockengarten angelegt worden. Doch erst nach dem Zusammenbruch der alten DDR wurde im März 1990 ein Nationalparkprogramm beschlossen. Im September 1990 beschließt der Ministerrat der de Maizière-Regierung die Nationalparkordnung, die einen Monat später in Kraft tritt. Daß der Hochharz als Nationalpark unter Schutz gestellt wurde, entsprach nicht der Euphorie eines neu erwachten Nationalgefühls, sondern der Notwendigkeit, wertvolle Natur auch für spätere Generationen zu erhalten. Die Idee läßt sich kurz so beschreiben: Ein Nationalpark lebt mit der sich frei entfaltenden Natur. Er lebt mit den Touristen, die ihn besuchen wollen. Doch die Natur hat Vorrang. Seit 1994 gibt es auch auf der niedersächsischen Seite des Harzes den Nationalpark Harz. Beide ergänzen sich und haben zusammen rund 21 700 ha Fläche.

Nebel: Er gehört zum Bild des Brocken. Wenn aus der Inversionsschicht – der zur weißen Decke gewordenen Oberfläche des Nebels – die Spitzen der umliegenden Berge zu sehen sind: der Wurmberg, der Achtermann, der Rennekenberg und andere Gipfel, dann erinnert das an die Sintflut. Erst bei Nebel begreift man den Brocken und jene Literaten, die ihn beschrieben haben, so richtig. Naturanschauung führte einige Autoren zur Erkenntnis oder Vision einer höheren Gesetzlichkeit. Höhnende Kräfte und stumme Gewalten scheinen sichtbar zu werden. Gedanken werden auf ruhige Bahnen geführt. Die Fantasie schöpft Bilder aus dem Nebel.

Otto von Bismarck: 1846 zog auch der junge Bismarck durch den Harz und auf den Brocken. Der Deichhauptmann für den unteren Magdeburger Deichbezirk stieg bereits zum zweiten Mal auf den Berg, den er als Student 1832 erklommen hatte. Wie üblich besuchte er anschließend die Baumannshöhle. Auf der zweiten Harzreise, die von Wernigerode nach Ilsenburg führte, und dann auf den Brocken, lernte er seine spätere Frau, Johanna von Puttkammer, kennen und lieben. Die Erinnerung an den Harz schwang noch lange nach. 1851 schrieb er von einer Reise an seine Frau: „Die Gegend hier ist reizend, viele Selke- und Ilsethäler, aber es regnet immer …"

Pfalzen: Das waren die den Herrschern des Reiches zugestandenen Nobelherbergen, in denen Kaiser und Könige – damals noch ohne festen Wohnsitz – auf ihren Zügen durch die Reichslandschaft abstiegen. Die Goslarer Pfalz war besonders geschätzt. Gemessen an der ehemaligen imposanten Anlage, wo sich Dom und Pfalz in gleichgearteter Größe im umfriedeten Gelände gegenüberstanden, ist nur noch wenig geblieben. Aber immer noch genug, um Würde und Größe ermessen zu können. Beide Bauten zerfielen nach und nach. Die Ruine des Doms wurde 1819 bis auf einige Reste abgetragen. Die Pfalz blieb, wenn auch ramponiert, stehen. Erst im 19. Jahrhundert begannen die Preußenkönige damit, die Pfalz zu restaurieren.

Quedlinburg: Links im Hintergrund der Schloßberg mit der Stiftskirche, in der sich der berühmte Domschatz befindet.

Quedlinburg: Wer den Brocken besucht, sollte auch in das tausendjährige Quedlinburg fahren. Diese Stadt liegt am Nordrand des Harzes in einer reizvollen Hügellandschaft am Ufer der Bode. Sie besitzt ein geschlossenes historisches Stadtbild und rund 1200 Fachwerkhäuser aus sechs Jahrhunderten. Die 26 000 Einwohner zählende Kreisstadt gehört zu den größten Flächendenkmalen in Deutschland. Quedlinburg gilt als Wiege des Deutschen Reiches, wenn man an die Herrschaft der deutschen Könige und Kaiser aus sächsischem Hause denkt. Am Finkenherd soll König Heinrich I. im Mai 919 die Nachricht von seiner Königswahl erhalten haben. Er wurde in seiner Lieblingspfalz auf dem Schloßberg begraben.

Radautal: Südlich von Bad Harzburg an der Straße nach Braunlage ist ein Wasserfall zu sehen. Er verweist auf das obere Radautal. Im Radaubruch wachsen an zahlreichen Quellen und Bächen wunderschöne seltene Pflanzen: das gefleckte Knabenkraut, Kleinseggen und Seidelbast, ebenfalls das Harzer Kreuzkraut. Der Wasserfall ist eine touristische Attraktion. Mitte des vergangenen Jahrhunderts wollten die Harzer ihren Besuchern mehr bieten als Berge und Täler. Deshalb leitete man 1859 im Radautal einfach den kleinen Fluß um, damit er sich silbrig 22 Meter tief über die Felsen stürzen konnte. Im Okertal schuf man wenige Jahre später für die Romke sogar einen 50 Meter hohen Wasserfall. Romantik war und ist ein Touristenmagnet.

Der Radau-Wasserfall stürzt seit 1859 die Felsen herab. Er befindet sich bei Bad Harzburg.

Reisebilder: Heines „Reisebilder" galten lange Zeit als Höhepunkt europäischer Reiseliteratur. Die erste große Reisewelle hatte den Wunsch nach Lesestoff geweckt. Leser suchten Informationen. Sie verlangten nach geografischen, historischen, wirtschaftlichen Details. Reiseliteratur wurde zum Hit eines lesehungrigen Publikums. Und Heine gehörte zu den Begründern einer neuen Reiseliteratur. Sie eröffnete im Zeitalter der Zensur neue Möglichkeiten. Durch ihren Unterhaltungswert entstand ein Schutzschild der Harmlosigkeit. Heine ist einer der ersten großen Literaten, die die getarnten Möglichkeiten des Schreibens nutzten. Er betreibt eine Art „Ideenschmuggel". Seine Reisebilder enthalten gut verdeckte Bekenntnisse zur Sinnlichkeit und Französischen Revolution, zu Lebensgenuß und Napoleon, zu „Liebe, Wahrheit, Freiheit und Krebssuppe".

Rübeland: Zwei große Tropfsteinhöhlen machten Rübeland im Bodetal bekannt: die Baumannshöhle mit ihrer unterirdischen Traumwelt, die Goethe dreimal besucht hat, und die rund 350 000 Jahre alte Hermannshöhle mit ihren faszinierenden Räumen und Hallen. Die Baumannshöhle, die aus einem verzweigten System von Grotten besteht, soll sogar rund 500 000 Jahre alt sein. Funde in diesen Höhlen bezeugen den Aufenthalt von Menschen. Beide Höhlen wurden in der Steinzeit von unseren Vorfahren genutzt. Auch zahlreiche Knochen von Höhlenbären wurden in den Höhlen gefunden.

Eine wichtige Sehenswürdigkeit in Rübeland ist die Baumannshöhle. Sie soll 500 000 Jahre alt sein.

Schierke: Bereits im 13. Jahrhundert wurde am Wurmberg und im Forst von Braunlage Eisenerz verhüttet. Das angrenzende Tal der Kalten Bode – damals Sterbetal genannt – wurde erstmals 1407 in einer Urkunde erwähnt. 1518 wird „dat Stervedhal" dann als „Schierekschesthal" bezeichnet. Durch eine anhaltende Pest und eine zunehmende Verunsicherung erlag der Bergbau. Die Eisenhütten verfielen. Der Harzwald wurde im 15. Jahrhundert weitgehend abgeholzt. Das Tal der Kalten Bode wurde zum Holzumschlagplatz. „Uf dem Schiricken" bezeichnete damals eine Stelle mit schieren (reinen) Eichen. Da technische Neuerungen eingeführt wurden, belebte sich das Bergbau- und Hüttenwesen allmählich wieder. Richtig aufblühen konnte es erst wieder nach dem Dreißigjährigen Krieg. Der Ort Schierke wurde 1669 gegründet. Bier wurde gebraut. Damals ein Grundnahrungsmittel. Eine Korn- und eine Sägemühle entstanden. Verbreitet war das Gewerbe der Holzköhler. In den Hochmooren am Brocken wurde Torf gestochen. Um 1800 bestand Schierke aus 55 Häusern mit 400 Einwohnern. Aufschwung nahm das Dorf mit dem Kurbetrieb und der touristischen Erschließung des Harzes. 1899 wurde die Brockenbahn fertiggestellt. Von Wernigerode konnte zum Gipfel gefahren werden. Schierke wurde in die Strecke einbezogen. Ende des 19. Jahrhunderts war Schierke ein begehrter Bauplatz. Prächtige Hotels entstanden. Nach dem Zweiten Weltkrieg fiel der Ort in den Bereich der Sperrzone. Schierke verlor seine Bedeutung als Kur- und Wintersportort. Nach der Wende wurden enorme Anstrengungen unternommen, um dem Ort seine einstige Bedeutung zurückzugeben.

Rund um den Brocken: Kleines ABC

Schmalspurbahn: Die Geschichte der Harzer Schmalspurbahn, insgesamt 132 Kilometer lang, begann 1887. Der erste Streckenabschnitt der Selketalbahn von Gernrode nach Mägdesprung wurde eingeweiht. Verbindungen nach Harzgerode, Hasselfelde und Stiege folgten. 1896 wurde mit dem Bau der Harzquerbahn begonnen, die von Wernigerode nach Nordhausen führt. Der Bau des Gleissystems war eine große ingenieurtechnische Leistung. Die höchste Station der Harzquerbahn ist Drei Annen Hohne (540 m), die höchste der Brockenbahn befindet sich unterhalb des Gipfels in 1120 Meter Höhe.

Die Harzquerbahn fährt von Halberstadt über Blankenburg und Rübeland nach Drei Annen Hohne, mit 540 Metern die höchste Station.

Selketalbahn: Der romantischste Teil des Schmalspurnetzes gilt als Geheimtip für Naturfreunde. Die Landschaft entlang der rund 52 Kilometer langen Strecke zwischen Gernrode, Harzgerode, Hasselfelde und Eisfelder Talmühle ist wildwüchsig. Die Bahn windet sich durch eine ursprüngliche Gegend: Schroffe Felsen wechseln mit Wiesen, malerischen Teichen und weiten Buchen- und Eichenwäldern.

Von Gernrode führt die Fahrt mit der Selketalbahn hinauf zum Ramberg, vorbei am Heiligen Teich.

Talsperren: Talsperren haben im Harz eine traditionsreiche Geschichte. Zunächst wurden im 16. Jahrhundert die Teiche der Oberharzer Wasserwirtschaft angelegt. Sie sollten Energie für den Betrieb von Wasserrädern in Bergwerken und Mühlen liefern. Bereits 1721 bauten die Harzer eine 21 Meter hohe Staumauer aus Granit für den Oderteich. Er war zwei Jahrhunderte lang der größte Stausee Europas. Um das Vorland vor Hochwasser zu schützen, aber auch um Städte und Gemeinden mit Trinkwasser zu versorgen, entstanden in den Tälern der Söse, Oder, Ecker, Oker, Bode, Innerste und Grane große Speicherbecken. Mächtige Fernwasserleitungen führten ins Land; eine davon wurde sogar ins 200 Kilometer entfernte Bremen verlegt. Da der Harz reich an Niederschlägen ist, gilt er als Wasserspeicher.

„Frickes Gasthaus" auf dem Hexentanzplatz oberhalb von Thale war schon um die Mitte des 19. Jahrhunderts ein beliebtes Ziel für Wanderer.

Thale: Bekannt wurde die kleine Stadt sowohl durch den Hexentanzplatz (451 m) als auch durch die Roßtrappe (437 m). Zu germanischen Zeiten waren beide Bergmassive Kultstätten. Zu erreichen sind die Aussichtspunkte von Thale aus mit der Personenschwebebahn bzw. dem Sessellift. Die Roßtrappe beeindruckt durch den romantischen Ausblick. Vom Plateau sieht man auf das tief unten liegende, von steilen Felswänden eingegrenzte Bodetal. Eine Vertiefung, die wie der Abdruck eines riesigen Pferdehufs aussieht, gab dem Felsen seinen Namen. Zu den Merkmalen des Harzes gehört das Bodetal. Von der Teufelsbrücke bietet sich ein herrlicher Ausblick. Nur einige Kilometer nördlich von Thale befindet sich bei Neinstedt eine Teufelsmauer, die man aufsuchen sollte, um den Harz zu erleben.

Vielbesucht sind die Roßtrappe und die sie umgebende Felslandschaft. Der Stahlstich von A. H. Payne entstand um 1840.

Torfhaus: „Jetzt bin ich auf dem sogenannten Torfhause, eines Försters Wohnung zwei Stunden vom Brocken", schrieb Goethe 1777 an Frau von Stein. Ursprünglich war dieses Haus als eine Wirtschaft für die Harzfuhrleute und für Torfgräber erbaut worden. 1713 wird es als der „Borkenkrug an den Lerchenköpfen" erwähnt. Aus dem Gasthaus wurde das Torfaufseher- und Forsthaus. Es liegt an der alten Harzburger Straße zwischen Braunlage und Bad Harzburg. Später wurde aus dem Borkenkrug der Brockenkrug. Im frühen 18. Jahrhundert entstanden die ersten wirtschaftlich betriebenen Torfgrabereien. Im Bereich des Brocken gab es etliche Torfschuppen. Sie erhoben sich bis zu fünf Stockwerke hoch. Der Torf wurde damals in gemauerten, später in eisernen Öfen verkohlt. Die Torfgräberei schonte zwar den Wald, verursachte aber ernste ökologische Schäden. Die Moore als Wasserspeicher gerieten in Gefahr.

Tourismus auf dem Brocken: Ein hartes Kapitel. Denn viele Menschen möchten den Berg erleben und achten kaum auf seinen Lebensraum. Jahr für Jahr kommen mehr Touristen. Der größte Ansturm entwickelt sich nicht im Sommer, sondern im Herbst. Die meisten benutzen die Bahn. Wer die Massen einmal erlebt hat, meint auf dem Rummelplatz zu sein. Verkehrsschwache Zeiten sind frühmorgens. Zwischen elf und vierzehn Uhr sollte der Wanderer den Brocken meiden. Oft sind mehrere tausend Menschen auf der Kuppe. Manches wird zertreten. So sind die abgesperrten subalpinen Bergheiden in ständiger Gefahr. Deshalb nur die Rundwanderwege und die angelegten Lehrpfade benutzen.

Wanderwege: Über 8000 Kilometer markierte Wanderwege durchziehen den Harz und erschließen diese einzigartige Kulturlandschaft. Seit der deutschen Vereinigung ist der Harz wieder ein nach allen Seiten geöffnetes und einladendes Mittelgebirge. Hinfahren und sich wohlfühlen sind eins. Es gibt genügend Hotels, Pensionen, Ferienunterkünfte und Campingplätze. Wer sich rechtzeitig entscheidet, findet reichlich Auswahl. Der Harz hat ein wohltuendes Reizklima mit sauerstoffhaltiger Hochwaldluft. Täler, Teiche und Seen, idyllische Bergbäche, malerische Felsengebilde und kleine Moore geben der Landschaft vielfältige Reize. Wer für Bilder und Entdeckungen abseits der Wanderwege Sinn hat, sollte sich hinsetzen, sich ausruhen, sich sammeln. Morgens und abends sind gute Wanderzeiten. Gute, wetterfeste Kleidung und eingelaufenes Schuhwerk sollten selbstverständlich sein.

Wernigerode: „Alle Städte den Harz hinauf, den Harz hinab haben ihre Schätze und Kostbarkeiten; keine aber ist so reich wie Wernigerode", schrieb Hermann Löns 1907 im „Hannoverschen Tageblatt". Er berichtete von der „träumerischen Stille", von der „städtischen Eleganz und dörflichen Einfachheit". Noch heute ist von diesem Flair viel zu spüren. Doch die Spuren sozialistischer Herrschaft sind unübersehbar. Malerisch erstreckt sich Wernigerode in zwei Täler des Harzes, das Mühlental und das des Gebirgsbachs Holtemme. Der beispielhaft erhaltene mittelalterliche Stadtkern mit seinen schönen Fachwerkbauten und dem sehenswerten Rathaus, aber auch das Schloß der Fürsten zu Stolberg-Wernigerode, laden zum Entdecken und Verweilen ein. Wernigerode ist ein guter Ausgangspunkt für Ausflüge und Wandertouren zum Brocken.

Wiesen: Die Bergwiesen der Harzhochfläche sind Relikte einer historisch gewachsenen Kulturlandschaft. Sie sind artenreicher als die Fichtenwälder und Moore und deshalb ein schützenswerter Lebensraum. Sich selbst überlassen, würden sie in 20 bis 30 Jahren wieder bewaldet sein. Im östlichen Hochharz gibt es nur noch wenige Wiesen. Sie liegen am Stern vor Schierke (Feuersteinwiesen), in der Schluft (Schluftwiesen), bei Drei Annen Hohne (Hohnewiesen). Einige Bereiche gibt es noch an der Wormke. Innerhalb der Wiesen sind oft Quellnischen, Moorbildungen und Quellbäche zu finden.

In der kleinen Bergstadt Wildemann kann man noch den Spuren des Bergbaus nachgehen und den 19-Lachterstollen besichtigen.

Wildemann: Nach einem Wald- und Berggeist erhielt die kleinste der Oberharzer Bergstädte den Namen. Im Ort finden sich Hinweise auf eine lange Bergbautradition. 1524 wurde in der Grube „Wilder Mann" mit dem Abbau von Silber begonnen. Unbedingt besuchen sollte man den 19-Lachterstollen. Er ist 8800 Meter lang, knapp 400 Meter können begangen werden.

Zar Peter der Große: 1697 bestieg Zar Peter der Große den Brocken. Leibniz würdigte diese Reise als Ereignis von europäischem Rang. Zar Peter, der 1682 den russischen Thron bestiegen hatte, unternahm seine ersten großen Auslandsreisen 1697 und 1698. Um dem höfischen Protokoll zu entgehen, reiste der Zar mit einer Reisegesellschaft inkognito. Er besuchte Königsberg, Berlin und Norddeutschland, später auch Holland. Am 24. Juli 1697 kam er mit kleinem Gefolge von Halberstadt nach Ilsenburg. Man nächtigte auf dem Blocksberg. Vermutlich geschah dies aber am 3. August. Zar Peter war 25 Jahre alt. Der Besuch des Brocken war ein kleines improvisiertes Abenteuer von kurzer Dauer.

Panoramakarte

Autoren / Bildnachweis / Impressum

Werner Filmer, geb. 1934. Studium, Lektorat, Lehrauftrag. War von 1964 bis 1997 beim WDR u. a. Stellvertretender Chefredakteur (Fernsehen) und Hauptabteilungsleiter des Ressorts Kultur und Wissenschaft. Für seine Dokumentationen und Reportagen erhielt er zahlreiche Auszeichnungen. Er hat bereits zusammen mit Heribert Schwan mehrere Sachbücher und Biografien veröffentlicht sowie Reportagen und Dokumentarfilme über Heinrich Heine realisiert, u. a. ein großes Porträt des Dichters anläßlich seines 200. Geburtstags im Dezember 1997 für das Erste Deutsche Fernsehprogramm.

Walter Mayr, geb. 1945, studierte Fotografie und spezialisierte sich auf Landschafts- und Tierfotos. Er arbeitet für große deutsche Magazine und wurde mit zahlreichen Preisen ausgezeichnet. Im Ellert & Richter Verlag sind von ihm die Titel „Dithmarschen", „Schöne Ostseeküste von Flensburg bis Kiel" und „Jütland" erschienen.

Titelabbildung: Blick auf den Brocken von Torfhaus

Bildnachweis:
Fotos: Walter Mayr, Großenrade
außer:
Bildarchiv Preußischer Kulturbesitz, Berlin: S. 7, 22, 27, 42 li., 56/57 (3 Abb.), 85 re., 88 li. + re., 89 re. u., 92 re. o. + u.
Alfred Gottwaldt, Berlin: S: 54, 55, 92 li. o. + u.
Harzer Verkehrsverband e. V., Goslar: S. 42 u., 76, 88 m., 89 (3 Abb.), 90, 91 re. o.
Heinrich-Heine-Institut, Düsseldorf: S. 6
Georg Jung, Hamburg: S. 23 u., 91 li.
Kurbetriebsgesellschaft „Die Oberharzer" mbH, Altenau: S. 25, 93
Kur- und Fremdenverkehrsgesellschaft Goslar-Hahnenklee mbH, Goslar: S. 40 li., 41 re.
Northeim Touristik e. V., Northeim: S. 23 li.
Staatsbibliothek, Berlin: S. 85 li.
S. 56 li.: mit freundlicher Genehmigung der Stiftung Weimarer Klassik/Museen, Weimar
Karte: Harzer Verkehrsverband e. V., Goslar

Die Deutsche Bibliothek – CIP-Einheitsaufnahme

Die Harzreise: auf Heinrich Heines Spuren / Werner Filmer/Walter Mayr. – Hamburg: Ellert und Richter, 1997
(Eine Bildreise)
ISBN 3-89234-705-0

© Ellert & Richter Verlag GmbH, Hamburg 1997
Dieses Werk einschließlich aller seiner Teile ist urheberrechtlich geschützt. Jede Verwertung außerhalb der engen Grenzen des Urheberrechtsgesetzes ist ohne Zustimmung des Verlages unzulässig und strafbar. Dies gilt insbesondere für Vervielfältigungen, Übersetzungen, Mikroverfilmungen und die Einspeicherung und Verarbeitung in elektronischen Systemen.

Text und Bildlegenden: Werner Filmer, Bergisch Gladbach
Gestaltung: Büro Hartmut Brückner, Bremen
Lektorat: Simone Walper, Hamburg
Bildredaktion: Anke Balshüsemann, Hamburg
Lithographie: Offset-Repro im Centrum, Hamburg
Satz: KCS GmbH, Buchholz/Hamburg
Druck: C. H. Wäser, Bad Segeberg
Bindung: S. R. Büge, Celle